MAP OF TEENS
Map of Teens
MT 음악학

MAP OF TEENS
Map of Teens
MT
음악학
가천대학교 김영숙 교수 외 2명 지음
HAPPY TRAVEL
BUS STOP!

청어람 장서가

# 시리즈를 발간하며

대학입시에 대한 관심이 우리나라처럼 높은 곳도 없을 것이다. 하지만 대학에 대한 많은 관심에도 불구하고, 막상 대학에 가서 무엇을 배우는지에 대해서는 학생과 학부모 모두 구체적으로 모르고 있는 것 같다. 이는 대학교육의 실질적 내용보다는 대학졸업장 취득여부에만 큰 관심을 기울이는 세태의 반영일 수도 있지만, '대학 가는 것'을 인생의 중요한 목표로 삼고 있는 중·고등학생들에게 대학의 교육내용을 쉽고 친절하게 설명해주는 자료가 없었기 때문일 것이다.

〈나의 미래 공부〉시리즈 Map of Teens는 중·고등학생들의 후회 없는 선택과 성공적인 공부를 위해 기획되었다. 자신의 삶을 크게 테두리 지을 대학의 각 분야별 공부가 구체적으로 어떤 것인지 스스로 읽고 판단하는 데 도움이 될 것이다. 이것이 내가 정말로 하고 싶은 것인지, 잘 할 수 있을 것인지를 스스로 또는 부모님, 선생님과 함께 고민하고 결정할 수 있게 만들어 줄 것이다. 아직 자신의 적성을 모른다면, 이 시리즈에 포함된 다양한 공부의 길들을 비교해보면서 역으로 자신의 흥미와 열정을 발견할 수도 있을 것이다.

대학의 다양한 학문들이 무엇을 배우고 연구하는지를 아는 것은 단지 '나의 선택'만을 위해 중요한 것은 아니다. 사회의 다른 구성원들이 무엇을 공부하는지 아는 것도 매우 중요한 일이다. 사회의 범위가 지구촌으로 확대되고 있는 지금, 나의 이웃들이 무엇에 관심을 가지고 공부하고 있는가를 아는 것은 우리 모두의 공동 번영을 위해 필수적일 수밖에 없다. 이런 경향을 반영하듯 각 학문들은 서로의 분야를 넘나들며 융합되고 있고, 대학에서 한 가지 전공만을 공부한다는 것은 이제 지난날의 일이 되었다. 사회에서 요구하는 인재상도 멀티플전공으로 바뀌고 있다. 우리가 자신만의 전문성을 가지되 다양하고 폭넓은 공부를 해야 되는 이유가 여기에 있다.

〈나의 미래 공부〉시리즈 Map of Teens는 이러한 시대적 요청에 충실하면서도, 수많은 학문들의 내용을 자세히 들여다 볼 시간이 없는 독자들을 위해 각 분야의 핵심을 한눈에 알아볼 수 있도록 요약하려고 노력하였다. 여기에는 각 해당 분야 전공자들의 많은 노력이 숨어 있다. 오랜 시간 축적돼온 각 학문의 내용들과 새롭게 추가되는 연구 성과들을 가능하면 우리 실생활과 연관시켜 쉽고 재미있게 설명하기 위해 고심한 필자들의 노고에 감사드린다. 이 시리즈가 중·고등학생들이 미래를 찾아가는 학문여행에 꼭 필요한 지도가 되길 바라며, '나만의 미래 공부'를 찾아 여행을 떠나보자.

2008년 5월

시리즈 기획위

국문학 | 영문학 | 중문학 | 일문학 |
문헌정보학 | 문화학 | 종교학 | 철학 |
역사학 | 문예창작학

# 여행을 떠나기 전 학과 지도를 펼쳐보자

세상은 넓고 학과는 많다.
학과에 대한 호기심과 나에 대해 알아보려는 의지만 있으면 여행 준비 끝!
자, 이제부터 나의 미래를 찾기 위해 힘차게 떠나보자!
놀라운 학과 세계와 지적 모험이 여러분을 기다리고 있을 것이다.

심리학 | 언론홍보학 | 정치외교학 | 사회학 | 행정학 | 사회복지학 | 부동산학 |
경영학 | 경제학 | 관광학 | 무역학 | 법학 | 행정학

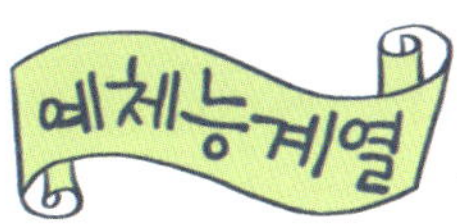


영화학 | 음악학 | 디자인학 | 사진학 |
무용학 | 조형학 | 공예학 | 체육학

교육학 | 교육공학 | 유아교육학 | 특수교
육학 | 초등교육학 | 언어교육학 | 사회교육
학 | 공학교육학 | 예체능교육학

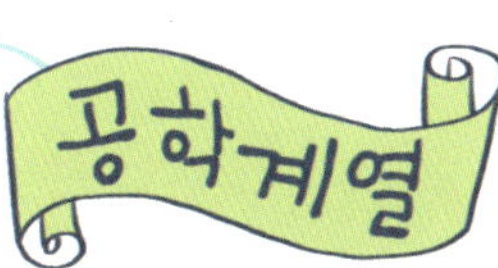


생명공학 | 기계공학 | 전기
공학 | 컴퓨터공학 | 신소재
공학 | 항공우주공학 | 건축
학 | 조경학 | 토목공학 | 제
어계측학 | 자동차학 | 안경
광학 | 에너지공학 | 환경공
학 | 화학공학

의학 | 한의학 | 약학 | 수의학 | 치의학 | 간
호학 | 보건학 | 재활학

물리학 | 화학 | 천문학 | 수학 | 통계학 | 식품
영양학 | 의류학 | 지리학 | 생명과학 | 환경과
학 | 원예학

# 열정과 희망을 꿈꾸는
# 음악의 놀이터로 놀러가자!

앞으로 다가올 미지의 세계에 대한 막연한 기대와 불안감으로 인해 '과연 내가 좋아하는 일을 하며 평생을 살 수 있을까?', '나는 무엇을 공부하는 사람이 될까?' 라는 질문들이 꼬리를 물고 떠오르는 시기에 있는 여러분을 위해 음악의 세계를 소개하는 책을 펴내게 되어 참으로 기쁘고 감사하다. 음악은 굳이 음악학이라는 말을 붙이지 않더라도 일상에서 쉽게 접하고 즐길 수 있다. 하지만 음악 전공자가 종사하는 연주, 연구, 교육, 더 나아가서 음악경영의 세계는 그냥 즐기는 단계에서 벗어나 전문가적인 능력을 요구한다. 따라서 치열한 훈련과 경쟁이 요구되는 분야이기도 하다. 그럼에도 불구하고 음악을 통해 노래하고 춤추고 스스로의 내적 생명력 즉, 호흡과 맥박을 느껴보며, '소중한 인간'의 재능과 잠재력을 발견하게 되는 놀라운 분야이다.

에리히 프롬이 표현한 것처럼 배우고 소유해서 소중한 인간이 되는 것이 아니라 소중한 인간이기 때문에 배우는 과정이 의미가 있는 것이다. 음악을 배운다는 것의 참된 의미는 진실로 소중한 인간임을 자각하는 것은 물론 자신의 내적 재능을 '자신감'을 가지고 꽃피우고 싶은 용기에서 비롯된다.

음악을 하려면 들을 줄 알아야 한다. 그럼 무엇을 향하여 귀를 기울여야 할까? 음의 높이와 음과 음의 관계, 리듬, 화성 등에도 물론 귀를 기울여야 하지만 음악과 더불어 우리 안의 세미한 마음의 소리에 귀를 기울여야 한다. 우리 안에 숨겨놓은 크기를 알 수 없는 잠재력과 재능들, 그것들이 마음껏 뛰놀 수 있도록 하는 것이 음악이어야 한다. 자기를 발견하고 삶의 의미를 찾는 것이 음악과 더불어 이루어져야 한다.

음악이 없는 일상은 상상하기 어렵다. 음악은 곧 소리의 세계이며 우리는 늘 음악과 더불어 살고 있다. '의미 없는 소리'는 없다고 한다. 그렇다면 음악은 우리에게 과연 어떤 의미를 전하려 하는 걸까? 이 책에서는 일상에서 쉽게 접하는 음악에서부터 음악인으로 살아가는 직업의 세계까지 음악의 모든 것을 다루어 보았다. 베토벤이 그의 음악에서 절망 속의 희망을 노래했듯이 음악이 우리 모두의 희망이 되기를 바란다. 음악으로 인해 우리의 삶이 조금이나마 밝아질 수 있기를 바란다.

이 책의 많은 부분이 서양 고전음악 중심으로 언급된 점을 양해해 주길 바란다. 또한 실용음악과 국악 분야에 도움을 주신 장태화 님과 유연숙 님, 미국음악학회의 소식을 전해준 정상경 선생님께 감사드리며, 우리에게 음악 교육의 소명을 주신 하나님께 감사드린다.

2008년 6월

저자 김영숙, 오지향, 김진

CONTENTS

## PART 04 미리 체험하는 생생한 음악 전공 이야기

## PART 05 미래를 상상하다

## PART 06 김 교수님의 학문 이야기 ⋯ 230

1. 음악의 매력 속으로 GO! GO!

2. 나의 음악 지수는 얼마나 될까?

3. 음악적 재능을 개발하려면?

# 음악학 여행을 향한 첫걸음

# 음악의 매력 속으로
# Go! Go!

## 내가 누구인지를 말해준다고?

아주 먼 옛날부터 사람들은 음악을 만들기 시작했다. 사람들이 음악에 맞추어 노래하고 춤을 추었다는 것을 여러 자료들은 말해준다. 나라마다 전통적인 음악이 존재하며 사람들의 필요와 사회적 상황에 따라 다양한 음악이 존재한다. 우리나라 국민은 아리랑을 알고 멕시코에는 멕시코 전통음악이 있는 것처럼 음악은 시대, 문화, 사회를 규정짓고 그것들과 밀접한 관계를 가진다.

뿐만 아니라 음악은 내가 누구인지도 말해준다. 한 개인이 어떤 음악을 듣는지, 어떤 장르의 음악을 선호하는지를 통해 그 사람의 문화적 취향, 경험 등을 알 수 있다. 소개팅에서 분위기가 어색해질 즈음 "좋아하는 음악이?"라고 물어본 경험이 있을까? 그러다 혹 좋아하는 음악 취향이 같기라도 한다면 어색했던 분위기는 순식간에 사라지고 서로 관련 음악에 대한 정보를 주고받기 바빠진다. 좋아하는 음악이 같

음악학 여행을 향한
첫걸음

다는 것만으로도 왠지 잘 통할 것 같다. 그렇게 느끼는 것은 분명 음악이 나의 무언가를 대변해 주고 있다고 생각하기 때문일 것이다.

시간이 지나면 개인마다 상황에 따라 좋아하는 음악이 바뀔 수도 있다. 다양한 음악을 경험하고 음악을 즐겁게 배우는 것으로 음악에 대한 선호도와 취향을 발전시킬 수 있다는 것이다.

**우리 인생을 표현한다고?**

모든 음악은 다양한 장르를 통하여 우리 인생을 표현한다. 그러므로 우리는 상황이나 목적에 따라 음악을 만들기도 하고 듣기도 한다. 예를 들어 축하할 때 연주하는 음악과 의식을 행할 때 연주하는 음악은 다르다. 사용하는 리듬과 악기도 다르다. 빠른 리듬, 큰북과 타악기 연주를 자장가에 사용하지 않는 것처럼 말이다. 또한, 현대사회에서 광고, 영화, 애니메이션을 위해 특별하게 만들어진 음악은 특정한 부분에서 감정을 고조시킨다.

때로 음악은 연주자의 성격이나 생활 습관까지도 드러나게 한다. 어떤 장르의 음악이나 어떤 악기의 소리에 끌림을 느끼게 된다는 것은 자기 안에 이미 그런 음악과 서로 소통할 수 있는 요소가 있다는 것이기도 하다. 이처럼 음악은 우리 생활 모든 부분을 다루며 우리의 삶, 사랑,

느낌을 표현한다.

### 우리를 춤추게 한다고?

음악의 가장 기본적인 박자는 사람의 심장박동 소리에서부터 출발한다. 맥박이나 걸음걸이와 기본 박인 사분음표를 연결시켜서 음악을 학습한다. 그러므로 음악을 들으면서 지속되는 기본적인 박자를 탐지하고, 강박과 약박을 자연스럽게 느끼며 리듬에 반응하는 것은 매우 자연스러운 현상이다. 또한 음악을 들으면서 손뼉 치고 고개를 흔드는 등의 신체적 반응 또한 음악에 매우 자연스럽게 반응하는 현상이다. 백화점에서 빠른 음악이 흘러나오면 왠지 모르게 발걸음이 빨라지고 흥겨운 느낌이 들며, 분위기 있는 카페에서 잔잔한 음악을 들으면 마음이 편안해지고 긴장이 풀리는 것을 느낀다. 영화음악이 어쩐지 으스스하다 생각하는 순간 괴물이 나타나는 장면이 뒤따르는 것처럼 음악은 우리의 몸과 마음을 다양하게 움직이게 한다. 이렇게 음악이 직접적으로 개인에게 신체적 반응이나 감정적 반응을 유도할 수도 있고, 나아가서 무용 등의 공연예술에 전문적으로 쓰여 복합적인 예술로 승화되는 것은 음악과 움직임이 매우 밀접한 관계이기 때문이다.

### 일상생활을 이루고 있다고?

음악의 가장 기본적인 소리를 이용하여 작곡자는 다양한 형태의 음악

음악학 여행을 향한
첫걸음

을 만들고 연주자는 다양한 매체(목소리나 악기)들을 이용하여 연주한
다. 작곡이나 연주가 음악을 전공하는 사람들의 영역이라면 일반 사
람들은 음악을 감상자로서 감상한다. 좋아하는 음악을 선택해서 들을
수도 있고 개인의 의지와는 상관없이 텔레비전이나 라디오 등의 매체
를 통해서, 또 백화점이나 음식점에서 흘러나오는 음악들을 끊임없이
접하고 있다. 휴대전화의 벨소리와 컬러링, 아침잠을 깨우는 알람음
악, 지하철이나 버스에서 흘러나오는 음악들이 너무나도 자연스럽게
우리 곁에 있다. 따라서 의식적으로나 무의식적으로 대부분의 사람들
은 음악을 감상한다.

### 생각과 느낌을 표현하는 수단이라고?

음악은 소리로 표현하는 언어이다. 말을 하거나 글을 쓰는 방식으로
언어가 소통된다면 음악은 소리로서 생각, 아이디어, 느낌을 전달하
고 소통한다. 따라서 언어처럼 음악 또한 우리의 생각과 감정에 영향
을 끼친다. 일반적으로 음악은 세
계 공통어라고 하지만 각 나라마다
언어가 다르고 쓰이는 문법이
다르듯이 음악에도 고유한 용어와
표현 방식이 있기 때문에 학습을 통하여
음악적으로 소통하고 표현하는 것을
배우게 된다. 하지만 음악 전공자나 일

반인 모두 그들의 상황과 수준에서 그들의 생각과 느낌을 표현한다는 점이 매우 중요하다.

특히 음악을 전공하지 않고 취미로 즐기는 사람들이 상당수 있다. 감상하는 수준을 넘어서 직접 노래를 하거나 자기 마음에 드는 악기로 연주를 하며, 같은 취미를 가진 사람들끼리 모여 오케스트라나 합창단을 만들어 음악 하는 기쁨을 즐긴다. 즉, 다른 일을 전문적으로 하는 사람이라 할지라도 얼마든지 음악으로 그들의 생각과 느낌을 표현하고 함께 즐기며 나아가서 다른 사람에게 들려주는 연주까지도 할 수 있게 된다. 많은 대학에서 아마추어 오케스트라가 활성화되어 있으며 사회인 오케스트라도 많은 관심을 끌고 있다. 이들에게 음악은 스트레스를 날려버리는 강펀치라도 되는 것일까?

음악은 우리가 누구인지를 말해주고 인생을 표현한다.
음악은 동작, 연주, 창작 표현을 가능하게 해준다.
음악은 다양한 형식과 장르로 구분되며 개인의 마음을 표현하는 것에서부터 출발하여 궁극적으로는 한 시대의 사회와 문화를 반영한다.

음악학 여행을 향한
첫걸음

# 나의 음악 지수는 얼마나 될까?

**나는 음악적 소질이 있는지,** 음악적 재능이 있는지, 음악을 전공하는 것이 적성에 맞는지에 대한 질문을 해보기에 앞서 음악을 전공하기 위해 갖추어야 할 특성과 소양들을 살펴보자.

다양한 종류의 악기와 음악 장르가 존재하듯이 음악 전공에도 여러 영역이 있다. 일반적으로 서양음악, 국악, 실용음악으로 크게 나뉘고 그 안에서 성악, 기악, 작곡, 지휘 등의 세부 전공 영역으로 구분한다. 그러므로 자신에게 음악적 재능이 있는지에 대한 대답을 간단히 하기는 어렵다.

개인에 따라 악보를 읽는 것이 빠른 학생도 있을 것이고, 악기를 연주하는 테크닉이 좋은 학생 혹은 음악적 감수성이 풍부한 학생 등도 있을 것이다. 이처럼 다양한 종류의 재능을 발견할 수 있으며, 앞으로 발전할 수 있는 잠재성 또한 중요시되어야 한다.

자신의 음악적 재능에 대해서는 아마도 자기 스스로가 가장 잘 알 수 있지 않을까 생각한다. 음악에 끌리고 음악에 반응하는 자신을 발견하는 것이 자신의 음악적 재능을 발견하는 첫 단추가 될 것이다.

자, 자신에게서 꿈틀대는 음악적 재능을 발견했다면 다양한 연구를 통해 발표된, 음악을 전공하기 위해 일반적으로 갖추어야 할 재능들을 알아보는 것이 도움이 될 것이다. 우선 음악 연주에서 나타나는 음악 적성을 살펴보고, 현시대가 요구하는 창의성과 음악 공부와의 관련성을 창의적 특성에서 살펴보자.

**자신의 음악 적성에 대한 질문**

Q. 음악의 여러 요소들에 대한 기억력과 변별력을 갖고 있는가?

Q. 음악 속의 미세한 차이점(음높이, 음색, 음량, 악기, 연주방법 등)을 느낄 수 있는가?

Q. 자신만의 독특한 방법으로 새로운 소리를 만들 수 있는가?

Q. 새로운 음의 배열방식을 생각할 수 있는가?

Q. 절대 음감을 가졌는가?

Q. 뛰어난 리듬감을 가졌는가?

Q. 선율을 정확하게 기억하고 재현해 낼 수 있는가?

Q. 멜로디를 들으면 어울리는 알토나 테너, 베이스의 음이 떠오르는가?

음악학 여행을 향한
첫걸음

Q. 귀로 음악을 듣고 연주할 수 있는가?

Q. 연주할 때 정확한 음정과 소리를 낼 수 있는가?

Q. 뛰어난 수준의 테크닉을 구사하는가?

Q. 리듬과 선율을 변형해서 연주할 수 있는가?

Q. 폭넓은 음악 활동을 수행할 수 있는가?

Q. 악곡을 완성하는 데 흥미와 열정을 갖고 있는가?


**자신의 창의적 특성에 대한 질문**

Q. 노래나 춤을 통해 자신의 감정과 생각을 창의적으로 표현하는 시
도를 하는가?

Q. 스스로 노래를 지어 부르거나 가사를 바꿔 부른 적이 있는가?

Q. 배운 노래를 간단한 악기로 연주하려는 시도를 하는가?

Q. 음악 지식을 잘 사용해 창조적으로 음악 활동을 수행할 수 있는가?

Q. 음악의 표현 구조와 원리에 대해 민감한가?

Q. 소리 구성에 대한 지식 체계가 있는가?

Q. 다양한 예술 분야를 넘나드는 활동 성향이 있는가?

Q. 음악적 이해력, 상상력, 표현력, 감수성이 풍부한가?


**자신의 음악에 대한 태도와 가치관에 대한 질문**

Q. 음악적 표현, 음악적 언어를 정서적으로 이해할 수 있는가?

Q. 예술 작품의 정서적 표현을 이해하고 해석할 수 있는가?

Q. 음악 활동을 좋아해 스스로 반복하고 연습하는가?

Q. 음악을 자발적으로 경청하고 리듬에 맞춰 표현하는가?

Q. 자신의 감정에 몰입을 잘하는 편인가?

Q. 정서적으로 민감하고 직관이 발달한 편인가?

Q. 아름다움, 구조, 형식에 대한 추구가 강한 편인가?

Q. 자신의 연주를 많은 사람에게 드러내는 것을 좋아하는가?

Q. 예술 활동에 진지함을 보이고 애착을 보이는가?


자신 있게 '예'라고 대답한 항목은 몇 개나 되는가? 여러 항목에서 '예'라고 대답한 학생들은 기분이 매우 좋아졌을 것이고, 그렇지 못한 학생들은 다소 실망했을 것이다. 하지만 지금 해당 사항이 별로 없다고 해서 실망할 것은 없다. 이 중 많은 항목들은 실제로 음악 공부를 하면서 계속 발전시켜 나가야 할 항목들이니까 말이다. 천재는 99%의 노력으로 이뤄진다고 했다. 이 말을 잊지 말자.

음악을 전공하기 위해서는
음악적 재능과 연주 능력을 포함하는 음악 적성,
음악으로 생각하고 표현하는 창의적 특성과 개인의 흥미와
열정을 포함한 음악에 대한 태도와 가치관에 대한
창의적 특성을 끊임없이 개발해야 한다.

음악학 여행을 향한
첫걸음

# 음악적 재능을 개발하려면?

## 어릴 때부터 음악적 환경에 접해야 한다

첼리스트 요요마의 어머니가 쓴 책 〈내 아들 요요마〉에서 음악 교육은 요람에서부터 시작해야 한다고 말하고 있다. 오페라 가수였던 어머니 덕분에 요요마는 어린 시절부터 수많은 노래를 들었고, 음악 교육자 이자 바이올리니스트인 아버지가 연주하는 음악을 수없이 들어왔다고 한다. 그런 요요마는 노래를 좋아하게 됐고 정확한 음정을 저절로 알게 되었다고 한다. 어려서부터 아름다운 심성을 가꾸기에 좋은 음악을 많이 듣고, 모든 일상에서 신체적으로나 정서적으로 음악에 민감하게 반응하는 습관을 기르는 것이 좋다. 최근에는 음악적 환경의 중요성이 입증되면서 태교음악에도 관심을 가지게 되었다.

## 호기심과 창의력을 키워야 한다

일상생활에서도 호기심을 갖도록 유도하고 최대한 내면에 있는 생각

"/>

이나 느낌을 표현할 수 있는 훈련을 해야 한다. 스스로 생기는 사소한 질문에도 창의적으로 생각해야 음악에서도 독창적이고 창의력 있는 표현이 가능하게 된다. 창의력 있는 지성과 감성이 신체의 자유로움을 통해 표현될 때 더욱 설득력 있는 음악을 만들어 낼 수 있다. 즉 음악인은 그의 모든 생각과 느낌과 행동이 음악적이어야 한다. 연주자뿐만 아니라 제자에게 크나큰 영향력을 미치는 음악 교사도 마찬가지다. 음으로 재미있는 놀이를 해보는 것도 좋다. '쓰레기통'을 거꾸로 하면 뭐지? 물론 난센스 퀴즈에서는 '쏟아진다'가 답이겠지만 전통적인 답은 '통기레쓰'이다. 자, 음으로 놀이를 해보자. 물론 노래하면서 말이다! '도미솔'의 반대는 '솔미도', '도레미솔'의 반대는 '솔미레도'다. 또 같은 음형 만들기도 재미있다. '도레미레미파솔'을 '레'부터 시작하면 '레미파미파솔라'가 된다.

## 음악을 통한 상상력과 사고력을 키워야 한다

음악을 들으면서 자유롭게 상상해 보자. 맑은 시냇물이 흐르는 풍경이 떠오를 수도 있고 드넓은 평원이 그려질 수도 있고 어떤 음악에서는 우주의 소리가 들릴 수도 있다. 현대의 음악에서는 아름다운 면만을 표현하지 않고 추함을 포함한 인간의 모든 감정

을 표현하기 때문에 내면의 갈등이나 극단적 인간성 상실까지도 음악을 통해 느낄 수 있다. 음악에서 받은 느낌을 그림으로 그려보는 것도 음악적 상상력을 키우는 데 많은 도움이 된다. 또한 몸동작이나 글로 표현해 보는 것도 음악의 구조나 움직임을 이해하는 감성과 사고력을 키우는 데 도움이 된다.

# 질문 있습니다!

**Q.** 나도 시창과 청음을 잘할 수 있을까?

**A.** 음악 전공을 하기로 작정했다면 피해갈 수 없는 것이 바로 시창과 청음이다. 물론 음감이 타고난 사람이야 문제가 없겠지만 시창과 청음에 어려움을 겪는 사람도 많을 것이다. 꾸준한 연습과 훈련을 통해 실력이 향상되므로 자신감을 갖고 여러 가지 방법을 사용해 보아야 한다.

드물게 완벽한 절대음감을 가진 사람이 있지만 음의 거리를 측정해서 음정 관계를 파악하는 상대음감을 가진 사람도 있다. 일상적인 소음까지도 음정을 알 수 있는 완벽한 절대음감에서부터 악기의 음을 정확하게 알아맞히는 정도의 절대음감을 가진 사람도 있고 완전히 상대음감을 가진 사람도 있다. 상대음감은 조옮김을 할 때 빨리 적응할 수 있으며 소리의 어울림을 듣거나 앙상블을 할 때 더 유리하다. 절대음감은 악기의 도움 없이 음을 알 수 있는 편리함이 있지만 상대음감이라고 해서 나쁜 것만은 아니다. 꾸준히 노력하면 상당한 발전을 할 수 있게 될 것이다. 절대음감이든 상대음감이든 어떠한 경우이든지 악보의 음형을 마음으로부터 상상하고 듣는 훈련이 더 중요하다. 참고로 시창 청음을 도와줄 수 있는 사이트를 소개한다.

http://www.eartraining.co.kr/

음악학 여행을 향한
첫걸음

# 영화보다 더 재미있는 영화음악 속으로

**음악에 몸을 맞춰봐!**

『**사운드 오브 뮤직**』 로버트 와이즈 감독, 줄리 앤드류스 주연

영화를 보지 못했더라도 '사운드 오브 뮤직'이란 제목은 한 번쯤 들어보았을 것이다. 《사운드 오브 뮤직》은 영화 못지않게 영화음악으로 많은 사람들의 사랑을 받고 있다. 또한 뮤지컬로 재탄생되어 50년이 지난 지금에도 여전히 인기를 누리고 있다. 『사운드 오브 뮤직』 하면 가장 먼저 떠오르는 장면이 푸른 초원에서 마리아 선생님과 아이들이 《도레미송》을 부르는 장면일 것이다. 물론 《도레미송》을 비롯해 《사운드 오브 뮤직》 등 이 영화에 수록된 많은 곡들이 지금도 애창되고 있다. 뮤지컬 영화의 대명사로 손꼽히는 이 작품은 그해 아카데미 작품·감독·음향·편집·편곡상을 받았다.

이상적인 음악 교사의 모델로 손색이 없는 마리아 선생님은 음악 그 자체이다. 그녀의 노래를 통해 아이들은 자연스럽게 '도레미'를 배우며 그녀의 몸동작과 춤을 통해 자연스럽게 박자를 배운다. 마리아는 음악은 가만히 앉아서 공부처럼 배우는 것이 아니라는 것을 가르쳐 준다. 음악을 통해 마음이 움직이고, 가슴으로 감동을 느끼며 몸으로 춤을 출 수 있어야 비로소 진정한 음악을 배울 수 있는 것이다. 희로애락의 모든 감정들이 음악을 통해 자유롭게 표현되고 느껴져야만 한다. 그게 어떤 것인지 궁금하다고? 그럼, 지금 당장 『사운드 오브 뮤직』을 감상해 보시라.

## 음악, 그 이상의 감동

『**브래스드 오프**』 마크 허만 감독, 피트 포스틀스웨이트 주연

인간에게 음악은 단순히 기분 전환이나 여가 활동을 위한 수단일까? 이 영화를 보면 절대 그런 생각을 하지 못하게 된다. 영국의 작은 탄광 도시를 무대로 하는 이 영화는 광부들로 구성된 탄광 브라스 밴드 단원들의 음악적 열성과 사회적 저항정신을 감동적으로 보여주고 있다. 탄광촌의 먼지 속에서 낡은 오렌지색 광부 옷을 입고, 낡고 오래된 금관악기들을 악기 케이스도 없이 팔에 안고 연습을 하러 가는 탄광 브라스 밴드 단원들.

경제적으로 힘들고, 가족들이 이해를 못해도 밴드 리더인 '대니'를 비롯한 단원들은 전국 대회에 나갈 꿈을 안고 묵묵히 연습을 한다. 탄광에서의 힘들고 지루한 일상을 잊고 음악을 연주하는 그들의 표정과 응집력에서 음악은 그들에게 단순한 여가 활동이 아닌 것이다. 밴드 단원들에게 음악은 그들 공동체를 대변하는 힘이며 세상을 향한 탈출구 역할을 하기 때문이다. 그러나 폐광 정책의 확산으로 밴드 활동에 위기가 닥쳐왔다. 이런 상황 속에서도 밴드 리더인 '대니'의 노력과 설득으로 단원들은 연습을 계속하여 결국 전국 대회에서 준우승을 차지한다. 기쁨에 차서 마을로 돌아온 단원들은 마을이 폐광되기로 확정되어 마을 사람들이 불안과 위축감에 쌓여있는 모습을 보게 된다. 게다가 평생을 탄광촌에서 일했던 '대니'는 진폐증으로 입

원을 한다. 이처럼 밴드와 마을 자체의 존폐 여부도 불확실할 때 밴드 단원들은 공동체의 힘으로 다시 일어서 마을 사람들에게 희망을 주고 자신들과 대니의 꿈을 실현시키려는 결심을 한다.

힘든 상황을 극복하고 준우승을 한 그들의 음악에 대한 열정과 투지는 어떠한 일이라도 할 수 있다는 용기를 준 것이다. 그래서 입원한 대니의 병실 앞에서 《대니 보이》란 곡을 합창하여 대니로 하여금 다시 음악을 하게 하는 자극을 준다. 《대니 보이》는 우리가 한 번쯤 들어봤을 만한 노래로 평소에 알던 곡이었지만 이 영화를 통해서 다시 들으니 너무나 감동적이었다. 어떠한 설득력 있는 말이나 행동보다도 그들의 합창은 영화에서나 영화를 보는 이에게 감동과 희망을 보여준다. 병중에서도 다시 지휘를 하는 대니와 함께 그들은 런던에서 열리는 전국 대회에 나가서 우승을 하게 된다.

해피엔드라는 스토리를 떠나서 영화 속 음악의 역할을 통해서 음악의 힘을 다시 한 번 깨닫게 하는 영화이다. 도시가 아닌 사회적으로 소외된 탄광촌에서의 음악 활동의 의미, 전체적으로 어두운 영화 배경 속에서 울리는 로드리고 작곡의 《아랑후에스 협주곡》과 《대니 보이》의 연주를 들으며 누구에게나 닥치는 어려운 현실에서도 잃지 말아야 하는 용기, 열정, 희망이란 부분에 대해서 다시 생각하게 한다. 게다가 우리에게 생소할 수 있는 트럼펫 독주와 경연 대회에서 보여주는 브라스 밴드 연주를 함께 들으면 그 감동과 여운이 몇 배는 더할 것이다.

## 꿈과 희망을 전해준 감동실화

『뮤직 오브 하트』 웨스 크레이븐 감독, 메릴 스트립 주연

때로는 영화보다 더 영화 같은 일이 일어나기도 한다. 이 영화는 한 음악 교사의 감동적 실화를 바탕으로 제작되었으며 특히 아카데미 여우주연상 후보에 오른 메릴 스트립의 연기가 감동적이다. 또한 아이작 스턴, 이작 펄만 등 세계 최정상급 바이올리니스트들이 찬조 출연한 마지막 콘서트 장면은 커다란 감동을 선사한다.

할렘가의 초등학교에 새로 부임한 음악 교사 로베르타. 그녀는 특별 활동으로 바이올린 교습시간을 만들어 아이들에게 바이올린을 가르친다. 처음에는 아이들과 학부모들의 반대로 어려움이 있었지만, 이제는 제법 인기 있는 수업으로 자리 잡았다. 그러나 학교에서 예산 부족을 문제 삼아 바이올린 교습을 폐지하려 하자 로베르타는 수업기금 마련을 위한 자선 콘서트를 열기로 한다.

이들의 이야기는 언론을 통해서 많은 호응을 얻고, 세계적인 유명 바이올리니스트들까지도 이들을 돕기 위해 나선다. 마지막 콘서트 장면은 이 영화의 백미라 할 수 있다.

《바흐의 두 대의 바이올린을 위한 협주곡》을 연주하는 유명 바이올리니스트를 볼 수 있을 뿐만 아니라 천방지축인 아이들을 음악으로 변화시킨 로베르타의 열정을 고스란히 느낄 수 있기 때

음악학 여행을 향한
첫걸음

문이다.

『뮤직 오브 하트』는 음악을 통해 어린이에게 꿈과 희망을 심어준 실화를 바탕으로 한 영화이다. 이렇듯 음악은 절망에 빠진 사람에게 희망의 빛을 보여 준다. 음악은 인간의 마음을 열고 인간의 삶까지도 바꾸어 놓을 수 있는 커다란 힘을 가진 것이다.

TTING!
DDING!
TTANG
DDONG!

# 교수님과 함께 떠나는
# 음악학 여행

1. 음악은 학문일까? 예술일까?

2. 음악 대학에서는 무엇을 배울까?

3. 음악의 역할은 무엇일까?

4. 최근 음악 공부의 경향과 과제는 무엇일까?

# 음악은 학문일까? 예술일까?

## 예술로서의 음악

음악은 음악의 재료인 소리들이 다양한 형태의 조합을 이루어서 사람의 목소리나 악기로 전달되는 예술이다. 미술가가 종이, 흙, 콘크리트 등의 재료들을 이용하여 작품을 만들고, 무용수들이 신체를 통하여 시간 공간 에너지의 요소로 작품을 만들 듯이 음악은 소리로 표현하는 예술이다.

즉, 음악은 소리와 침묵의 연속으로서 이루어지는 청각적이고 시간적인 예술이다. 음악의 요소를 살펴보면, 음을 지속하는 요소인 리듬과 박자, 음악의 수평적 요소인 선율, 수직적 요소인 화음, 색채적 요소인 음색과 표현적 요소인 셈여림과 빠르기 등이 있다. 이러한 모든 요소들이 반복되거나 변형되어 나타나는 현상들이 상호관계를 가지면서 음악의 형식이 만들어진다. 단순한 소리 또는 음이 이러한 음악 요소들의 다양한 상호작용을 통하여 여러 장르의 음악 작품으로 탄생하

교수님과 함께 떠나는
음악학 여행

고, 연주되는 것이다.

이처럼 시간 속에 존재하고 우리 귀에 아름답게 들리는 음악의 예술성은 학문의 논리를 초월하여 예술 작품 자체로서 인정을 받는다. 특히, 음악 작품으로서의 음악의 주관적인 영역은 논리로 설명이 불가능한 부분이 있다.

어떠한 음악을 연주하거나 감상했을 때 개인에게 일어나는 생각, 감정과 감동은 음악을 학습한 것과는 별개로 발생하는 주관적이고 심미적인 체험이 된다. 심미적인 체험이란 음악이 주는 아름다움을 찾고 만족감을 느끼는 것이다. 어떤 음악을 연주하거나 들으면 마음이 찡해지거나 콧날이 시큰해지거나 등골이 오싹해지는 등 직접적인 신체적인 반응이 올 수도 있고, 어떠한 느낌과 감정을 불러일으킬 수도 있다. 예를 들어, 한 개인이 음악을 듣고 '따뜻하고 평화롭다'고 느꼈다고 하자. 그가 느낀 것은 음악 안에 포함되어 있는 선율, 리듬, 화성 등의 음악적 요소들 때문이지만 음악을 들을 당시의 개인적인 상황들, 상상, 연상 또는 이전의 경험들과도 밀접하게 연관이 되어있다. 음악을 전공하는 연주자들은 물론, 일반인들도 이러한 아름다움과 만족감을 체험한다.

예술로서의 음악은 이러한 개인적이고 주관적이며 심미적인 영역을 더욱 강조한다. 음악을 전공하는 전공자는 물론, 일반인들도 이러한 예술적인 음악의 영역을 향유해야 한다. 예술로서의 음악 활동에는 음악을 직접 만드는 창작, 음악을 연주하는 연주, 음악을 감상하고 해석하는 감상과 비평 활동으로 크게 구분 지을 수 있다.

## 학문으로서의 음악

학문으로서의 음악은 음악이 어떻게 만들어지고 연주되는지에 대한 주변상황의 연구와 다른 학문과의 관련을 통해서 학문으로 자리 잡으며 계속 발전하고 있다. 즉, 한 작품에 대해서 그 작품을 만든 작곡자에 대한 연구나 작품이 쓰였던 시대와 사회, 문화적 배경을 관련지음으로써 음악사나 음악문헌을 연구한다.

소리와 음에 관한 물리학적 연구인 음향학, 음악 행동과 그 효과를 대상으로 하여 음악을 듣고 느끼는 청각적 감정 변화를 연구하는 음악심리학, 음악과 사회의 관계를 연구하는 음악사회학 등으로 세분화되는 음악학은 철학과 심리학 등 인근 학문과의 연관성을 통해서 독자적인 영역으로 발전되어 왔다.

즉, 음악학으로 통칭되는 학문 분야는 세부적으로 음향학, 음악심리학, 음악사회학, 음악미학, 종족음악학으로 분류하며 음악교육학, 음악치료학의 과목을 통해서도 학문으로서의 음악을 만날 수 있다. 따

교수님과 함께 떠나는
음악학 여행

라서 예술로서의 음악 활동과 더불어 학문으로서의 음악도 계속적으로 연구하고 발전하여야 한다.

음악 예술은 음악 창작, 음악 연주, 음악 감상과 비평의 분야로 크게 나뉘어 다양한 매체를 통하여 공연예술이나 감상의 형태로 이루어진다.

음악학은 음향학, 음악미학, 음악심리학, 종족음악학, 음악교육학, 음악치료학 등의 분야로 세분화된다.

# 음악 대학에서는 무엇을 배울까?

음악을 전공하게 되면 각 개인의 전공 분야에 대한 전문지식을 바탕으로 실기능력을 배운다. 이와 함께 음악 공부에 기초가 되는 과목들을 전공필수 또는 전공선택 과목으로 공부하면서 각 전공 영역에 따라 특성화된 수업을 통해서 실제적으로 활동할 수 있는 전문 음악인으로 성장할 수 있다. 자, 이제부터 음악 대학에서는 무엇을 배우는지 하나하나 살펴보자.

### 천의 목소리를 꿈꾸는 성악 전공

성악과는 발성, 딕션, 표현능력과 이를 뒷받침하는 기초 음악이론을 바탕으로 폭넓은 레퍼토리를 배우며 졸업 후 독창, 합창, 오페라 등 다양한 종목의 연주 분야에 종사할 수 있다.

성악 전공 학생들은 주 1회의 성악 개인지도를 통하여 전공실기를 연마한다. 다양한 악곡을 통하여 노래를 부르기 위한 테크닉과 악곡의

교수님과 함께 떠나는
음악학 여행

해석과 표현을 연구하여 연주자로서의 기술과 예술가로서 필요한 학문적 지식을 쌓는다.

전공실기 이외에 일반적으로 1, 2학년 때에는 부전공 실기를 공부한다. 많은 학생들이 성악곡의 반주인 피아노를 이해하고, 스스로 피아노를 치면서 노래를 부르기 위해서 피아노를 선택한다. 이와 함께 시창, 청음, 화성법, 서양음악사 등의 전공필수 과목과 합창을 배운다. 합창 수업에서는 르네상스에서 현대에 이르는 다양한 합창 작품을 통해 올바른 발성과 발음, 정확한 음정과 리듬, 화음의 균형과 원리, 협동심을 배운다. 3, 4학년 때에는 건반화성, 대위법, 음성학, 오페라 문헌 등의 좀 더 구체적인 전공필수 과목과 함께 지휘법, 오페라 문헌, 오페라 앙상블 등을 공부하며 오페라 워크숍을 통하여 무대에서의 기량을 익힌다. 이러한 오페라 수업을 통하여 성악의 기법적인 교육은 물론 무대동작과 드라마 연기까지 배움으로써 모든 예술 장르의 총체라 할 수 있는 오페라에서 뛰어난 역량을 발휘할 수 있는 전문 예술인으로 성장할 수 있다.

또한 성악과는 학년별로 이태리어 딕션, 독어 딕션, 불어 딕션, 영어 딕션의 수업을 통해서 각 나라 가곡의 발성상의 법칙과 문장 해독을 중심으로 각 나라의 시의 내용을 이해하고 이를 음악적으로 표현할 수 있다. 따라서 실제 연주에서 요구하는 올바른 가사 전달과 정확한 발음을 배워야 한다. 스페인어 딕션, 러시아어 딕션까지 배울 수 있도록 과목을 개설한 학교도 있다.

# 교수님이 알려주는 음악비법

### 즉흥연주를 자주 시도해 보자

즉흥연주 하면 재즈 피아노 분야에서나 하는 것으로 생각하기 쉽다. 클래식 음악 분야에서도 앞으로 개발해야 할 분야가 한 사람 한 사람의 개성이 묻어나는 즉흥연주다. 이미 알고 있는 작은 모티브에서 시작해 자기만의 방법으로 다양하게 바꾸어 연주해 보는 어렵지 않은 방법이 있다. 여러 사람이 모여서 하는 것도 다양한 생각이나 느낌들을 표현할 수 있어서 좋다.

### 자신의 전공 외에도 관심 있는 분야를 공부하자

미래는 여러 학문들 간의 통섭이 이루어지게 된다. 과거에는 한 우물만 파는 것이 좋다고 했지만 사회가 복잡해짐에 따라 한 가지만 잘해서는 활동의 폭을 넓히기가 힘들다. 물론 자신의 전공 분야에서 확실한 능력을 갖추어야 하지만, 인접 학문에 대해서도 알고 있는 것이 여러 모로 도움이 된다.

대학에서 피아노를 전공하고 대학원에서 피아노 페다고지를 전공한 학생이 있

다. 대학 때부터 성악 반주하는 것을 즐겼던 이 학생은 집이 지방이어서 학교 기숙사에 살면서 눈만 뜨면 연습실로 달려가 연습하고 수업 시간이 되면 수업 듣고 또 밤까지 연습하는 생활을 했는데 연습실에서 성악 전공생들의 반주를 하면서 음악이 주는 기쁨을 배로 느낄 수 있었다고 한다.

대학원에서는 피아노 페다고지를 공부해 음악의 본질을 아이들에게 어떻게 하면 더 잘 가르칠 수 있을지를 연구하며 자기가 가르치는 아이들에게 적용해 왔다. 이 학생은 지금도 아이들에게 피아노를 가르치며 성악가들의 반주를 하며 지낸다. 성악 반주를 더 잘해보고자 반주아카데미에서 교육을 받기도 했지만 피아노 페다고지를 전공한 것도 반주하는 데 많은 도움이 된다고 한다.

성악가들의 음악적인 부분을 코치해 줄 때 부분 부분 어떻게 표현해야 하는지 구체적으로 설명해 줄 수 있다고 한다. 또한 다양한 방법으로 보다 나은 음악을 할 수 있도록 도와줄 수 있다고 한다.

반대의 경우로 성악 반주를 하기 때문에 아이들을 가르칠 때도 많은 도움이 된다고 한다. 성악에서의 호흡이나 노래의 흐름 등은 피아노에서도 똑같이 적용할 수 있기 때문이다. 또한 무대에서의 경험이 아이들의 연주를 지도하는 데도 많은 도움이 된다고 한다. 이처럼 자신의 분야 외에 다른 분야에도 관심을 갖고 공부한다면 더 넓은 미래를 만들어 갈 수 있을 것이다.

**책읽기와 글쓰기에 관심을 가지자**

음악 분야의 책과 더불어 다른 관심 있는 분야의 책도 열심히 읽어 사고의 폭을 넓히는 것이 좋다. 다양한 생각들과 다양한 감정들이 음악으로 자신을 표현하는 데 많은 도움을 줄 것이다. 책읽기와 더불어 자신의 생각을 글로 표현하는 훈련도 꾸준히 하는 것이 좋다. 음악 수업은 주로 1:1 레슨으로 이루어지는데 내가 아는 것을 한 사람에게만 전달한다는 것이 좀 답답할 때도 있다. 물론 음악에서는 1:1 레슨이 무척 중요하지만 내용에 따라서는 좀 더 많은 사람들에게 전달할 수 있는 글이 더욱 효과적일 때도 있다. 강의를 잘해서 많은 사람들에게 영향력을 미치는 것도 좋고, 좋은 글을 써서 많은 사람들이 읽고 공감하게 하는 능력도 갖추면 좋다.

**음악으로 자신을 전달하자**

완벽한 음악을 위해 훈련을 거듭하지만 음악인을 기능인이라 하지 않고 예술인이라 하는 것은 그 음악 속에 자신만의 개성을 담아야 하고 자신만의 영혼을 담아야 하기 때문이다. 연주자 자신이 음악을 통해 드러나게 될 때 청중은 짜릿한 감동을 맛볼 수 있는 것이다. 젊고 화려한 테크닉을 가진 연주자에게서는 느낄 수 없는 깊은 맛을 연륜 있는 연주자에게서 느끼게 될 때가 있다. 음악과 함께 헤쳐나간 그의 삶이 음악에 고스란히 묻어있기 때문이리라.

모든 것을 다 제대로 틀리지 않게 연주하고 있지만, 감동이 없는 연주는

교수님과 함께 떠나는
음악학 여행

청중의 마음을 움직이게 할 수 없다. 연극배우가 무대 위에서 온몸과 마음, 그리고 목소리로 극중의 인물을 표현하듯 연주자는 악기를 통해 울려 나오는 모든 소리들이 음악의 언어가 되어 수많은 인간의 감정을 표현할 수 있도록 해야 한다. 단지 음을 틀리지 않게 악보의 지시대로 연주한다고 해서 좋은 연주가 되는 것이 아님을 명심하자.

### 자기 악기에만 집착하지 말자

악기를 놓고 몸으로 자기를 표현해보자. 소리를 지르든지 춤을 추든지 가장 특별한 방법으로 자신을 표현해 보면, 처음엔 조금 어색하지만 익숙해지면 훨씬 자유롭게 개성 있는 자기를 표현할 수 있을 것이다. 자기 악기에만 집착하는 것보다는 넓은 의미의 음악을 체험하는 것이 본인의 음악을 더욱 풍성하게 한다.

### 함께하는 음악에 익숙해지자

함께하는 음악은 많은 시간을 악기와 씨름해야 하는 기악 전공자들에게 보다 높은 경지의 황홀한 음악체험을 가능하게 한다. 협동과 조화를 배우며 더욱 멋진 하모니를 만들어낼 수 있는 앙상블을 통해 음악적으로 성장하게 된다. 관현악 전공은 오케스트라 시간이 있고 성악 전공은 합창 수업이 있지만 피아노 전공생은 비교적 앙상블의 기회가 적다. 다른 악기의 반주를 하거나 다른 악기들과 3중주나 4중주, 5중주 등의 팀을 구성해 연주하는 기회를 가지면 많은 도움이 될 것이다.

## 악기로 세상과 소통하는 관현악 전공

관현악 전공은 15개 정도의 다양한 전공 악기로 구성되어 있으며 각 악기의 전문적인 연주 기능을 위해 필요한 지식과 이론을 공부한다. 독주, 실내악, 오케스트라 등의 다양한 연주 체험을 통해서 전문적인 음악인으로 성장할 수 있다.

전공실기 이외에 일반적으로 1, 2학년 때에는 시창, 청음, 화성법, 서양음악사 등의 전공필수 과목과 현악합주, 관악합주 수업, 실내악 수업을 한다. 현악합주나 관악합주 수업은 현악(관악) 전체 악기군의 소리를 듣는 기본 실습과정으로서 동일한 성격의 악기구성(합주)을 통해 바로크에서 현대에 이르는 작품들의 합주 경험을 쌓으면서 음정, 음색, 음량의 균형을 조정할 수 있는 능력을 기른다. 실내악 수업은 각 시대 사조별(바로크 고전, 낭만 시대) 2중주, 3중주 등을 통하여 악보를 읽는 능력(독보력)과 앙상블 연주에 필요한 음악성을 기르고, 악기 간의 음악적 균형에 필요한 기법과 표현력을 연마함으로써, 앙상블의 기본 개념을 파악하는 동시에 합주 경험을 쌓을 수 있다.

3, 4학년 때에는 건반화성, 대위법, 음악분석 등의 좀 더 구체적인 전공필수 과목과 함께 지휘법, 관현악 문헌, 일반 악기론, 관현악법, 오케스트라 워크숍 등의 수업을 듣는다.

먼저 지휘법에 대해 알아보자. 지휘법 수업은 기본 지휘기법과 총보 독법, 음악분석의 습득을 토대로 하여 직접 연습곡을 실습하여 지휘함으로써 지휘자로서의 자질을 향상시킨다. 관현악 문헌을 통해서는

각 시대별 관현악 작품을 이해할 수 있
다. 관현악 음악에 공헌이 큰 작곡가들의
배경과 작품들을 검토하며 이들의 연주 양
식, 악곡의 분석, 음반을 통한 감상을 기반으
로 작품 간의 종적, 횡적 관계를 음악사적
측면에서 연구한다. 또한 일반 악기론 수
업을 통해서 각 악기들의 주법, 음역, 특
성과 제반사항을 익힘으로써 악기 각각에
대한 지식을 넓힐 수 있다. 갈수록 발전하는

연주 주법에 따른 악보를 기록하는 방법(기보법)과 특수효과에 대해서
도 공부한다. 그리고 관현악 전공을 하는 학생들에게 제일 중요한 오
케스트라 스터디와 오케스트라 워크숍을 통해서 오디션에 대비한 각
종 발췌곡을 개인별, 파트별 또는 전체 합주 훈련을 통하여 학습해 직
업 오케스트라 단원으로서 갖추어야 할 자질과 능력을 배울 수 있다.

### 건반에서 꿈꾸는 세상, 건반악기(피아노, 오르간) 전공

건반악기 전공은 피아노 전공과 오르간 전공으로 나눌 수 있다. 피아
노 전공은 피아노 음악을 전공하는 데 필요한 고도의 테크닉을 연마
하고, 이를 뒷받침하는 이론과 음악성을 배운다. 오르간 전공은 연주
와 교육을 위한 고도의 기술과 능력을 향상시켜 전문 음악인으로 성
장할 수 있으며, 교회 예배의식을 이끌어가는 교회 음악인으로도 활

동할 수 있다.

전공실기 이외에 일반적으로 1, 2학년 때에는 시창, 청음, 화성법, 서양음악사 등의 전공필수 과목과 반주법 수업을 한다. 피아노 전공자들은 성악이나 기악을 위한 반주법을 이론과 실기를 통해 배운다. 다양한 종류의 성악곡과 기악곡을 실습하고 연구함으로써 이조와 전조, 즉흥적 반주를 실습하고 배운다. 오르간 전공 학생들은 반주법 수업을 통해서 교회의 예배의식에 필요한 음악, 즉 회중 찬송 인도, 성가대와 독창자 반주를 배운다.

3, 4학년 때에는 건반화성, 대위법, 음악분석 등의 좀 더 구체적인 전공필수 과목과 함께 피아노(오르간) 문헌, 컴퓨터음악 하프시코드(피아노의 전신), 악기구조학, 피아노교수법 등을 공부한다.

먼저 악기구조학 수업에 대해 살펴보자. 악기구조학 수업은 피아노 악기의 구조, 음역, 음색을 배우고 연주법과 연주형태의 분석과 연구를 통하여 피아노 연주의 이해를 넓힐 수 있다. 피아노교수법 수업은 피아노를 올바르게 익히고 창의적으로 활용할 수 있는 지도법을 배운다. 또한 연령에 따른 다양한 지도방법과 교재 선택을 다루며 청음, 화성감, 리듬, 프레이징 등을 통해 피아노 연주와 창의성을 발전시킬 수 있는 교수법을 연구한다. 전통적인 개인 레슨과 달리 그룹의 학생들에게 능률적이고 경제적으로 가르칠 수 있는 그룹 피아노교수법 수업을 통해서 그룹 교수법의 기본이 되는 원리와 발전과정과 운영방법 등을 연구한다. 수업내용은 실질적이고 포괄적인 음악성 개발과 개념 학습을 위해 독보, 즉흥연주, 창작, 앙상블 등을 공부한다.



## 음악에 수를 놓는 작곡 전공

작곡을 전공하는 학생들은 전문적인 작곡가나 음악이론가가 될 수 있도록 작품 창작과 연구를 공부한다. 일반적으로 1, 2학년 때에는 시창, 청음, 화성법, 서양음악사 등의 전공필수 과목과 연주 수업을 한다. 그러나 작곡 전공 학생들은 성악, 건반악기, 관현악 전공 학생들보다 곡을 창작하기 위해 심화된 전공필수 과정을 학습하게 된다.

예를 들면, 시창, 청음은 음악 전공자뿐 아니라 연주가들에게 자신만의 개성적이고 창의적인 음악세계를 표현하는 기초 학습이다. 특히 작곡 전공 학생들은 다른 기본적인 음악이론 연구와 더불어 음정이나 리듬의 훈련을 통하여 악곡의 구성을 파악하고 동시에 음악성을 향상시킬 수 있는 심화된 시창, 청음 공부를 하게 된다. 또한 곡의 화성적 구조와 비화성음 처리, 3성 4성 시창을 함께 학습하여 곡의 입체적 구조에 대한 심화된 청음 학습을 한다.

악기론 수업을 통하여 오케스트라 악기들의 특징과 사용법을 이해하고 악기의 주법을 활용한 작곡 공부를 한다. 그리고 특수 악기 수업이라는 전공선택 수업을 통해서 학생들은 플루트, 바이올린, 첼로, 타악기 중 한 악기를 선택해서 배워야 한다.

푸가 이론과 실습 시간을 통해서는 바흐의 음악을 심층적으로 연구하고 실습하여 서양음악의 기본이 되는 대위법을 심화 학습한다. 이 수업에서는 바흐 스타일의 3성과 4성 푸가와 함께 음악 감상, 분석, 연주, 작법을 공부한다.

이러한 심화된 전공필수 과목과 함께 음악을 학문적으로 연구하는 방법을 이론과 실기의 두 부분으로 배우는 음악학 개론을 공부한다. 이 론에서는 연구에 필요한 자료, 음악사, 음악분석, 그리고 연주에 관한

교수님과 함께 떠나는
음악학 여행

문헌소개와 문헌자료들을 비평적으로 해석하는 학습을 한다. 실기 부분에서는 음악 연구 준비와 절차에 관하여 학생 스스로가 주제를 선택해 필요한 자료를 모으고, 분석과 해석의 방법을 선택해 기대되는 연구결과를 유추하는 과정을 실습한다. 또한 작곡 전공 학생들은 기초적이고 전반적인 컴퓨터음악 테크놀로지를 배운다. 학생들은 전자음악과 컴퓨터음악의 이론, 실습, 역사를 통하여 창의적인 컴퓨터음악의 제작 과정을 학습한다. 구체적으로 음향학, 오디오기초, 녹음, 미디와 시그널 프로세싱 과정을 배울 수 있다.

**우리 음악의 향연, 국악 전공**

국악 전공 분야는 크게 기악, 성악, 이론, 작곡으로 구성되어 있다. 기악 분야는 가야금, 거문고, 해금, 대금, 피리, 아쟁, 소금 · 단소 등의 전공으로, 성악 분야는 정가, 경서도 소리, 판소리, 가야금병창 등의 전공으로 세분화되어 있다.

학생들은 개인지도를 통하여 각자의 전공 실기를 연마할 수 있으며 4년간에 걸쳐 다양한 레퍼토리의 악곡을 접하며, 한국음악 연주가로서 필요한 기법, 악곡의 해석과 표현을 공부할 수 있다. 한국음악을 전공하는 학생들은 한국음악 총론과 한국악기 연주 수업을 기초과정으로 들을 수 있다. 한국음악 총론과 한국악기 연주 수업은 한국음악의 음조직, 리듬, 악식, 악곡, 악기분류법, 연주형태 등 국악 전반에 걸친 기초를 터득함으로써 이론과 연주 활동에 기틀이 되는 기초교육과정이다. 또한 한국음악 합주 수업과 실내악 수업을 들을 수 있다.

한국음악 합주 수업은 국악곡 중 합주곡을 연주하는 시간이다. 한국 전통음악은 독주곡보다 여러 가지 형식의 합주곡이 많이 있는데 이러한 합주곡 연주를 위해서는 각자의 기교도 중요하지만 다른 악기의 특성을 잘 알고 다른 주자와 조화를 이루는 훈련이 필요하다. 하나의 합주곡을 예술적으로 훌륭히 부각시키는 데 있어서 악기 주자로서 연마해야 할 여러 가지 조건을 배워나가는 동안 합주에 필요한 기법과 표현력을 기르고 연주 경험을 쌓을 수 있다.

한국음악 실내악 수업은 학년별로 악기편성을 하여 각 학년의 수준에 맞는 악곡을 소규모 편성으로 연주하는 실습시간이다. 일반적으로 1, 2학년에는 정악곡과 창작음악을 주로 공부하며 3, 4학년이 되면 민속악과 창작음악을 실습한다.

학생들은 전공영역에 따라서 정가, 경기도, 황해도, 평안도를 중심으로 한 경서도 소리, 우리나라 대표적인 극음악인 판소리에 대해 세분화하여 공부한다.


**대중음악의 실현, 실용음악 전공**

실용음악은 크게 작곡, 연주, 보컬의 전공영역으로 세분화된다. 실용

음악을 전공하는 학생들은 우선 연주 실기나 전공 실기와 함께 시창, 청음, 화성학, 음악분석, 합주 실기를 전공필수로 공부해야 한다. 이와 함께 서양음악사, 재즈음악사, 음악감상론, 문화예술론, 리듬과 양식, 리듬 편곡법 등의 과정을 학년별로 공부해야 한다. 또한 클래스피아노, 클래스기타, 영상 음악, 국악 등의 실기 과정을 선택해서 공부할 수 있으며 졸업 후의 실제적인 활동과 직업을 위해서 퍼포먼스 워크숍, 컴퓨터음악이나 리코딩 실습을 병행하여 공부해야 한다.

# 색다른 콩쿠르, 영국의 매튜 발리 음악학교

얼마 전 EBS에서 방영된 다큐멘터리 『도전! 클래식 스타』(영국 BBC방송국의 Classical Star)는 음악 전공자가 나아가야 할 방향에 대해 진지하게 생각해 보게 한다. 이 프로그램은 최고의 음악 꿈나무를 뽑기 위한 서바이벌 과정을 보여주고 있다.

첼리스트 매튜 발리가 자신의 학교에서 교육할 9명의 음악 인재들을 뽑는다. 까다로운 예심을 통과한 영국의 클래식 꿈나무 18명 중 이틀간의 오디션과 워크숍을 통과한 9명이 음악학교에 입학하게 되는 것이다. 수업은 3주간 진행되고, 매주 2명이 탈락한다. 그리고 최종 우승자에게는 음반 계약과 콘서트 기회가 주어진다.

치열한 오디션을 거쳐 뽑힌 9명의 클래식 꿈나무들은 일류 연주자의 개인교습을 비롯해 매튜 발리가 짠 독특한 교육과정을 체험하며, 클래식 스타에게 필요한 자질을 갖춰 나가게 된다.

자, 그럼 치열한 3주간의 수업들은 어떻게 진행될까? 먼저 첫째 주의 시험은 또래의 청중들이 가득한 카페에서 공연을 하는 것이다. 클래식을 대중화시켜 다음 세대가 클래식을 좋아하게 만들고 싶다는 대회의 취지와도 잘 맞는 시험이다. 매튜 발리는 학생들이 공연을 성공적으로 마칠 수 있도록 다양한 수업을 준비했다. 먼저 거리연주를 통해 클래식에 관심이 없는 관객들을 대하는 법을 가르치고, 탱고를 통해 상대방의 마음을 읽고 거기 맞춰나가는 법을 가르친다. 학생들은 각자 15분이라는 시간 동안 무대에서 보여주고 들려줄 것들을 직접 정해야 한다.

교수님과 함께 떠나는
음악학 여행

2명이 탈락하고 음악학교의 둘째 주 수업이 시작된다. 이번에 학생들이 치르는 시험은 스튜디오 녹음이다. 공연과 달리 스튜디오 연주에서는 청중과의 호흡보다 정확한 연주가 중요하다. 실수를 정확히 잡아내는 귀와 음표 하나하나를 정확히 악기로 옮기는 기량이 필요한 과제다.

학생들이 스튜디오 녹음을 잘 마치게 도와주기 위해 매튜 발리는 다양한 수업을 준비했다. 개인교습과 연습은 기본이고, 음반 프로듀서를 초빙해 녹음 실습을 해보게 하고, 영화음악 작곡가를 초빙해 워크숍을 열기도 한다. 학생들은 스튜디오 녹음의 기본을 배우고, 영상에 맞는 음악을 작곡해보며 스튜디오에서 녹음할 곡을 선택해 연습을 한다. 피아노 반주가 필요한 학생들은 반주자와 연주 스타일을 상의하고, 리허설을 하기도 한다. 학생들은 자신이 선택한 곡으로 1시간 만에 녹음을 마쳐야 한다. 심사위원들은 녹음실 바로 앞에서 학생들을 지켜본다.

마지막 주인 셋째 주 수업에서 학생들은 현악 4중주단과 협연을 해야 한다. 한 번도 만난 적이 없는 실내악단과 단 1시간의 리허설만을 한 뒤 무대에 올라 협연을 해야 하는 것이다.

매튜 발리가 정한 세 번째 주의 주제는 협동이다. 어디서 어떤 음악을 연주하든 동료 음악가들과의 협동은 중요하기 때문이다. 학생들이 훌륭한 콘서트를 하게 도와주기 위해 매튜 발리는 재즈 뮤지션들을 초빙해 즉흥연주를 경험시키

고, 동료 연주자들과 호흡 맞추는 법을 익히게 한 것이다.

음악학교의 마지막 초대 손님은 세계적인 피아니스트 랑랑이었다. 랑랑은 매튜 발리가 연주자에게 바라는 요소를 고루 갖춘 음악인이다. 랑랑은 음악학교에 초대되어 학생들과 함께 즉흥연주를 하며 즐거운 시간을 보냈다.

3주가 지나 음악학교 수업이 끝나고, 드디어 결선 진출자가 가려졌다. 최종 결승에 오르게 된 음악 인재는 바순 연주자 캐런, 기타리스트 이언, 피아니스트 소피였다.

이들은 마지막 관문인 콘서트 준비를 한다. 늘 옆에서 지도해주던 매튜 발리와 개인교습 선생님들의 도움 없이 준비하는 콘서트다. 3명의 도전자는 자신이 선택한 곡으로 오케스트라와 협연을 하고, 관객들에게 짤막한 연설과 독주를 들려줘야 한다. 우승자는 4명의 심사위원들과 관객 수백 명의 투표로 결정된다.

콘서트의 1부 순서는 오케스트라와의 협연, 2부 순서는 결선 참가자들의 짤막한 연설과 독주다. 뛰어난 연주 실력뿐만 아니라 개성까지 드러내야 하는 것이다.

자, 이 모든 어려운 관문을 통과한 영예의 우승자는 누구였을까? 치열한 접전 끝에 차분하고 견고한 연주를 들려준 피아니스트 소피에게 그 영광이 돌아갔다.

『클래식 스타』 프로그램은 우리의 음악교육을 돌아보게 한다. 우리나라

의 음악전공자들은 자신의 악기에만 너무 매달리는 경향이 있다.

물론 완벽을 위한 치열한 연습과정이 필요하겠지만 자기 악기에만 집착하지 말고 감동이 있고 자유로움이 있고 설렘이 있는 음악이라는 넓은 바다를 자유롭게 헤엄치듯 그렇게 음악을 즐겼으면 한다.

시각을 넓혀 음악이라는 넓은 세계를 바라보자. 클래식과 팝과 재즈 모두 사람의 마음 깊은 곳을 감동시킬 수 있는 음악이다.

이 책을 읽는 미래의 음악 인재들도 매튜 발리 음악학교의 관문들을 스스로 점검해 보는 것은 많은 도움이 될 것이다. 완벽한 연주는 물론, 자신의 개성 그리고 다른 음악과의 어우러짐 등을 잊지 말자!

## 이조와 전조는 어떻게 다를까?

이조는 필요에 따라 곡 전체의 조성을 옮기는 것을 말한다. 이조는 성악곡에서 주로 많이 쓰이는데, 소프라노, 알토, 테너, 바리톤, 베이스 등 사람마다 음역이 다르기 때문에 자신 음역에 맞도록 조성을 옮긴다. 가끔은 이조 때문에 반주자가 당황하기도 하는데, 노래는 이조해서 부르기는 쉽지만 매우 실력 있는 반주자가 아니면 곡 전체를 이조해서 피아노로 연주하는 것은 어려운 일이기 때문이다.

이조악기에는 어떤 것이 있을까? 오케스트라의 관악기들 중에 이조악기가 많이 있는데 목관악기 중에는 클라리넷이 대표적이며 B♭조나 A조를 가진 것이 있다. 연주자가 '도' 소리를 내는 키를 누르고 불면 악기에서는 '♭시'나 '라' 소리가 난다. 또 대부분의 금관악기들은 F조, B♭조 등을 갖는 악기이다. 이런 이조악기로 다른 악기들과 앙상블을 이루려면 이조를 해야 할 필요가 생기게 된다. 숙련된 연주자들은 즉석에서 이조해서 연주하는데 오랫동안 악보를 보고 악기를 다루다 보면 그런 능력이 자연스레 생겨나게 된다.

이조와 관련된 재미있는 일화가 있다. 브람스는 20살 때 바이올리니스트인 친구 레메니와 함께 연주여행을 다니던 중 첼레라는 곳에서 연주회를 열게 되었다. 연주회가 임박했는데 피아노가 반음이나 낮게 조율되어 있어 무척 난처한 상황이었

교수님과 함께 떠나는
음악학 여행

다. 그러나 브람스는 즉석에서 베토벤의 C단조 바이올린 소나타를 반음 높게 이조하여 연주회를 무사히 마쳤다. 단순히 건반 한 개 위를 누르면 되지 않겠느냐고 생각하는 학생들도 있겠지만 그 상황에서 이조하여 연주한다는 것은 실로 어려운 일이다.

전조는 곡 중간에 조성을 변경하는 것을 말한다. 전조는 화성학적인 규칙으로 이루어지는데 딸림조나 나란한조 등 원래 조성과 밀접한 관계가 있는 조성으로 옮겨간다. 전조를 통해 조성의 변화를 줌으로써 주제 간의 대립이나 조화를 표현할 수 있다. 조성이 바뀌기 전에 앞으로 나올 조성의 딸림음(5음)이 계속 등장해 다음에 오는 조로 자연스럽게 이어진다. 고전파까지는 전조의 규칙이 엄격하게 지켜졌지만 고전 후기부터는 상당히 자유로운 형태로 이루어졌다.

친구들과 노래방에 놀러갔다가 키가 맞지 않는다고 키를 낮추거나 높여 부른 적이 있을 것이다. 곡 전체의 조성을 바꾸는 것이므로 이조인 것이다. 음악 감상을 하다가 다른 조성으로 바뀌는 것(전조)을 느껴보자. 더욱 고조되는 느낌이나 색다른 느낌을 가질 수 있을 것이다. 음악 애호가라면 이조와 전조에 대해서 알아두면 좋을 것이다.

# 음악의 역할은 무엇일까?

## 사람과 소통하는 음악

음악이 개인의 삶에서 가장 크게 영향을 미치는 것은 감정표현이다. 음악은 언어로 표현하기 어려운 생각이나 감정을 전달하는 도구의 역할을 한다. 예를 들면 노래를 통하여 사랑의 감정이나 슬픔, 기쁨, 놀람, 두려움 등의 모든 감정적 느낌을 표현할 수 있다. 이러한 감정표현의 결과로 대중가요나 종교적인 음악을 통해서 미적인 즐거움과 만족감을 얻는 것이다.

지난 시절에 들었던 음악을 다시 들으면서 그 음악에서 연상되는 당시의 느낌을 떠올려 본 경험이 한 번씩은 있을 것이다. 이처럼 감정을 불러일으키는 음악은 개인의 삶에서 중요한 많은 사건들을 다시 경험하게 해주는 통로를 제공하여 준다. 또한 광고의 CM송이나 유행하는 노래, 교가나 어떤 기관의 노래들을 통해서 상징적인 가치를 지니며 커뮤니케이션의 역할을 한다.

연주자에게도 개인적인 삶의 경험은 중요한 요인이 된다. 같은 작곡자의 곡을 같은 악기로 연주하더라도 연주자에 따라 다른 것은 연주자 개개인의 신체조건도 물론 다르겠지만 각각의 감성과 경험 등의 모든 것이 음악에 녹아있기 때문이다. 젊은 연주자의 뛰어난 기량에 입을 다물지 못하다가도 노년에 접어든 연주자의 푸근한 음악에 더욱 마음이 감동하는 것은 그만큼 그 음악에 연륜이 묻어있기 때문이리라.

**음악의 사회적 기능**

음악의 사회적인 기능면에서 역사적으로 가장 오래된 것은 의식에서의 음악의 사용이다. 음악은 종교적 의식과 군대에서 쓰이고, 운동경기와 축제를 위해서도 사용된다. 종교음악이 로마 가톨릭 미사의 필수적인 내용으로 사용되어 서양음악의 기초가 된 것을 비롯하여 현재까지 모든 종교의식에 음악을 사용하고 있다. 종교행사에서는 설득력을 강조하기 위해, 군대의식에서는 타악기를 사용한 팡파르를 통하여 전투적 기상을 강조하고 행진음악이나 밴드음악은 특별한 의식을 위해 사용한다.

음악의 사회적 기능으로 또한 중요한 것은 상업성이다. 특별한 장소에서 배경음악으로 사용하여 상업적 효과를 높이는 것이다. 예를 들면, 대형마트나 패스트푸드점에서 활기찬 음악을 틀어서 매상을 올리고, 분위기 있는 레스토랑, 서점, 커피전문점에서는 고객의 연령, 취향 생활패턴을 조사하여 그에 맞는 분위기 있는 음악을 사용해서 매출을 높이는 등 음악마케팅의 형식으로 음악을 기능적으로 사용한다. 또한 음악은 언어적 표현을 강화하기 위해 이용하는데 특히 광고나 영화의 표현을 돕기 위해서 음악을 이용한다. 예를 들어 어떤 장면에서 빠른 리듬, 강한 악센트, 약박과 강박이 바뀌는 당김음을 갖는 반복적인 음악을 들었다면 우리는 어떤 절박하거나 긴박한 상황을 연상할 수 있으며 실제로 그러한 상황의 효과를 고조시키기 위해서 그러한 음악을 창작하여 사용한다.

영화『죠스』를 떠올려 보자. 등장인물이나 줄거리보다 가장 먼저 배경음이 생각나지 않는가! 죠스의 등장을 알리는 배경음이 나올 때마다 날카로운 이빨을 희번덕거리며 죠스가 자신을 덮치지 않을까 얼마나 공포에 떨었는가. 이제는 자연스레 그 음악만 들어도 오싹한 기분을 느낄 정도가 되었다. 이처럼 짧은 시간의 광고나 영상매체에서 감정이입을 위해 음악을 효과적으로 사용하기도 한다.

# 최근 음악 공부의 경향과 과제는 무엇일까?

**음악 전공자들이 졸업 후에** 다양한 직업인으로 종사할 수 있도록 현대 정보화 시대에 부응할 수 있는 창의성, 실용성, 다양성을 포함하는 내용과 실제상황에 대한 응용력을 갖춘 교과 과목을 제공해야 한다.

외국대학은 예술음악을 응용한 음악경영, 음악정보, 음악치료 등의 타 학문과의 결합으로 실무적 기능을 강조하며 전자매체, 오디오와 녹음 기술, 악기 제작들의 미래지향적인 전공교과를 개설하고 있다. 또한 동일 대학 내에서 자기 전공 외의 분야를 같이 선택해서 공부할 수 있다. 예를 들어 연주 전공이라 하더라도 졸업 후에 교사직, 교육연구, 교육행정 출판, 미디어, 무대, 음향시설, 시청각 교재 제작 등으로 진출이 가능하도록 교육과정을 제공하고 있어서 학생들의 진로 선택에 도움을 주고 있다. 따라서 국내에서도 다음의 세 가지 문제의 중요성을 인식하여 음악 전공자들에게 실질적인 길을 열어주어야 한다.

## 전문 연주자를 위한 심화과정의 필요성

전문 연주자를 꿈꾸는 학생들을 위해서 현재의 교과과정에서 전공선택과정과 심화과정을 확대해야 한다. 예를 들면 음악의 시대별이나 스타일 분석을 통해 연주 해석을 도와주는 음악비평 과정, 두 대의 피아노 연주(two pianos)나 반주같이 세분화된 과정, 그리고 연주자의 신체, 귀, 뇌의 협응 능력을 도와주는 동작훈련(movement)이나 리듬 훈련과정이 필요하다.

## 음악실기 지도자 양성을 위한 프로그램의 필요성

연주자를 양성하는 것은 물론 좋은 인성과 음악적 기능을 겸비한 음악실기 지도 교사를 양성해야 한다. 최근에는 달크로즈, 코다이, 오르프, 스즈키, 고든과 같은 음악교육자들의 교수법을 통해서 유아 때부터 시작할 수 있는 많은 음악 프로그램들이 소개되고 있다. 이는 특정 악기를 배우기 전인 유아기의 음악적 경험과 배움이 매우 중요하기 때문이다. 따라서 음악 교육을 선택하는 학생들은 이러한 프로그램 중에서 특정한 음악 지도법 교육과정을 위한 프로그램을 선택하여 공부할 수 있다. 예를 들어 달크로즈의 유리드믹스와 스즈키 프로그램에 대해 살펴보도록 하자.

음악교육자인 달크로즈는 음악과 신체 동작을 연결시키는 음악 교육을 강조하였다. 유리드믹스는 '좋은 리듬'이라는 뜻으로 인간은 누구나 신체적으로 리듬감을 가지고 태어나므로 이러한 리듬감과 잠재력

을 최대한 계발시키기 위해서는 음악을 신체 동작과 연결시켜서 지도해야 한다고 주장한다. 신체 활동을 통해 느껴지는 시간, 공간, 에너지에 대한 인식은 음악 활동과 밀접하게 연결되어 있다는 것이다. 따라서 유리드믹스 프로그램에서 학생들은 자신의 신체를 악기로 생각하고 신체 동작을 통해서 음악을 표현하고 음악 개념을 배우게 된다. 예를 들어 규칙적인 리듬에서 느껴지는 생각과 아이디어를 손 들어올리기, 걷기, 뛰기, 무릎 굽히기 등으로 자유롭게 표현해 본다. 그 후에 변화하는 리듬이라든지 약박과 강박이 바뀌는 당김음을 신체로 표현하여 학생 스스로 리듬이 반복되거나 변화하는 것에 대해 신체 동작을 통해 먼저 경험하게 한다.



반면 스즈키는 어린이들이 모국어를 배우는 과정에 근거를 두고 그 원리를 음악 교육에 적용하였다. 언어는 자극과 반복을 통해서 누구나 얻어지는 능력이므로 학생들은 언어의 발달처럼 음악적인 면에서도 재능을 계발할 수 있다고 보았다. 따라서 스즈키는 어린이의 음악적 감각을 위하여 자극과 반복을 통하여 듣는 청음의 중요성을 강조한다. 음악을 듣는 것은 음악적 감각을 계발하는 기초적인 요소이기 때문이다. 청음은 주로 어머니를 통하여 이루어진다. 언어의 환경에 둘러싸여 언어를 익히듯이 음악적 환경에 둘러싸이도록 매일 음악을 들려주어 악곡의 윤곽을 파악하고 곡에 대한 이해를 빨리하도록 돕는다. 음악 수업을 할 때도 어머니와 같이 연주하고 레슨을 받는 등 어머니가 강력한 조력자의 역할을 담당한다.

그 외에 예술, 철학, 미학의 과목을 통해 음악 교육의 본질과 당위성을 배우고 각 악기와 전공에 따른 체계적이며 실제적인 방법들을 배울 수 있다. 외국의 대학처럼 전문 연주자 과정 외에 실제로 각기 다른 수준과 상황의 학생들에게 음악실기 지도를 할 수 있는 교과과정과 학위프로그램이 필요하다.

## 재즈와 실용음악의 필요성

전국 50여 개 대학에서 실용음악과, 영상음악과, 생활음악과, 포스트모던음악과, 다중매체 영상학부, 공연예술학부의 이름으로 재즈나 실용음악 분야의 전문인을 양성하고 있다. 한 대학의 실용음악과의 교과과정을 살펴보면, 전공 분야와 관련된 전통적인 교과과정 외에 모든 학생들은 컴퓨터음악이나 음향 훈련과정 수업에 참여해야 한다. 인터넷 시대에 부응하고 학생들의 음악 콘텐츠 자기 제작 능력을 계발시키기 위해서 졸업할 때 모든 학생들이 최소한 한 장 이상의 독집 음반을 제작하여야 한다. 또한 인턴십 코스로 방학을 이용하여 대학 외의 현장 활동을 적극적으로 지원함으로써 교과과정의 응용과 현장 적응성을 높이는 것

을 목표로 하고 있다.

이는 재즈나 실용음악 분야에서 뮤지컬, 오페라 배우 같은 직업 연주자, 작곡자, 편곡자 이외에 영상음악(영화, 음악, 다큐멘터리), 방송국 PD, 음향 엔지니어, 음반제작자, 사운드 디자이너, 음악 매니지먼트, 광고음악, 멀티미디어 코디네이터 등의 다양한 음악적 인재 배출이 필요하기 때문이다.

# 다른 학문과의 만남, 음악의 또 다른 직업세계

**공연기획으로 알아보는 음악경영**

미국에서 여러 해 동안 각기 다른 집단의 성인들에게 가장 인지도가 높은 클래식 음악 작곡가 5명을 쓰라는 실험연구가 행해졌다. 결과는 바흐, 베토벤, 브람스, 모차르트, 하이든이 공통적으로 선택되었다. 이 중 바흐, 베토벤, 브람스는 모두 독일인으로서 현재까지 독일에서 이들 작곡가들로 인해 창출된 경제적, 문화적 부가가치는 실로 대단하다. 또한 우리에게도 잘 알려진 유명한 뮤지컬 '캣츠'는 1981년 영국의 뉴런던 씨어터에서 초연된 이래 전 세계 30여 나라, 300여 개가 넘는 도시에서 14개국의 언어로 번역돼 상연되었다. 또한 15번째 언어인 한국어로도 번역되어 우리나라에서도 상연된다. 즉, 문화가 점점 세계화됨에 따라 시장에서 인지도가 있는 음악작품이나 음악인에 연관된 것들을 제작하면 계속적인 부가가치가 생기게 된다.

이처럼 음악, 음악인, 관객, 그리고 이와 관련된 모든 개념을 포함하는 음악 산업의 규모는 매우 방대하며 계속적으로 성장을 하고 있다. 따라서 음악 시장에 속하는 작곡, 출판, 저작권, 공연기획, 음반 산업, 방송, 영화음악 등 각 분야에 관련된 음악경영(music business), 나아가서는 예술경영(art management) 분야가 본격적으로 대두되고 있다. 물론 아직까지는 위에 나열한 분야들이 서로 연관성이 높아서 한 가지의 특정 분야보다는 여러 업무를 동시에 하는 경우가 많으며 음악경영이라고 하면 공연기획만을 생각하는 경우가 대부분이다. 그동안 음악경영 분야는 일반 경영, 마케팅, 회계 등을 공부한 사람들에 의해서 대부분 이루어졌으나 10여 년 전부터 예술경영에 대한

전문적인 학위프로그램이 생기고, 우리나라
에서도 공연기획과라는 이름으로 학과가 생
기면서 예술경영에 대한 인식이 높아지고
있는 추세다.

음악경영의 분야 중에서 최근 우리나라에서
인기가 높은 공연기획 분야에 대해서 알아보
자. 공연기획이란 유명한, 또는 가능성 있는 음악인이나 작품을 섭외해서 공
연장을 빌려서 공연을 하여 수익을 창출하는 간단해 보이는 과정 속에서 경
영, 마케팅, 연출, 무대, 조명, 음향, 에이전시, 극장관리 등 모든 전체적인 계
획과 집행을 하게 된다. 방송국, 음반회사뿐만 아니라 일반 회사나 개인을 후
원사로 영입시켜서 효율적으로 이윤을 남겨야 하는 예산편성과 법률적인 계
약부터 공연작품을 광범위하고 적극적으로 관객에게 알리는 홍보와 광고의
실무적인 일까지 약 30여 개의 세분화된 분야를 담당하는 것이다.

뮤지컬 학과가 생기고 공연예술이 급속하게 성장함에 따라 현재 대학에서 공
연기획 관련 학과와 전공들이 점차 생겨나고 있다.

서울종합예술학교의 '공연제작 예술학부'를 예로 들면 기획연출 전공, 매니
지먼트 전공, 홍보마케팅 전공의 세 가지 전공으로 나뉘어져 있다. 현장에서
활동하고 있는 공연기획 전문가들이 교수로 재직하고 있고, 전공 수업과 실
습들이 세분화되어 있어 이론적인 부분뿐 아니라 현장에서의
다양한 실습 경험을 할 수 있다.

현재 '난타', '명성황후' 등 우리나라의 작품들이 미국 브
로드웨이에서 인기를 얻으며 세계시장에 진출하고 있다. 그

만큼 우리나라 작품들의 내용과 질이 우수하다는 뜻이다. 음악경영에서 일반 경영, 회계, 마케팅, 법을 전공한 사람들이 필요한 부분도 있겠지만 공연기획 이란 분야를 차근차근 전문적으로 공부한 인력이 만들어 내는 무대와 공연은 당연히 차이가 있을 것이다. 따라서 음악, 미술, 무용, 의상, 조명 등이 모두 필요한 종합예술의 성격을 갖는 창의적이고 우수한 공연을 기획하여 성공시 키는 음악경영인이 되기 위해서는 열정과 세계를 품는 마인드가 필요하다.

**병을 치유하는 음악의 위대한 힘, 음악치료**

음악으로 병을 치료하는 '음악치료' 역시 최근 주목받고 있는 분야 중 하나이 다. '음악' 과 '치료' 라는 서로 다른 분야의 결합으로 생긴 음악치료는 음악을 치료적 목적으로 사용하는 새로운 학문인 것이다.

미국음악치료협회에서는 "음악치료는 치료적인 목적, 즉 정신과 신체 건강을 복원, 유지시키며 향상시키기 위해 음악을 사용하는 것이다"라고 정의하 고 있다.

음악치료가 최근에 대두된 분야라 생각하기 쉽지만 치유의 방도로 음악을 사용한 역사는 생각보다 길다. 음악은 인류문명의 시작 이래 치료적 목 적으로 사용되었다. 고대 주술사들이 소리와 음률, 주술을 사용하여 환자들을 치료하지 않 았는가. 그러나 음악이 치료적 목적으로 오랜 기간 사용되어 왔다 하더라도 과학적 연구와 관 찰을 통해 전문적 영역으로 자리 잡게 된 것은

얼마 되지 않았다.

세계 1, 2차 대전으로 많은 사람들이 육체적, 정신적으로 고통을 받게 되었다. 미국은 많은 부상 군인들을 돕기 위해 음악인들이 병원에서 음악을 연주했다. 환자들의 음악적 경험은 의료진이 예상치 못했던 긍정적 결과를 가져와 음악의 치료적 효과가 새롭게 인식되기 시작했다. 그 후 음악을 치료적 목적으로 사용할 수 있는 전문 인력에 대한 사회적 필요가 대두되면서 음악치료사를 양성하는 학교가 대학의 학부와 대학원에 생기게 되었다.

현재 3,000여 명의 음악치료사들이 많은 보건 관련 기관에서 일하고 있고, 그 영역은 점차 확장되고 있다. 미국 외에도 독일, 영국 등의 선진국에서 음악치료를 활발히 사용하고 있다. 우리나라에서는 1997년 숙명여자대학교와 이화여자대학교에서 음악치료를 처음으로 대학원 교육과정에 설치하였다.

음악 전공자여만 음악치료사가 될 수 있는 것은 아니지만, 그에 준하는 음악적 능력이 필수적으로 요구되므로 한 가지 이상의 악기를 자유롭게 다루는 기술이 필요하다. 이들은 음악치료센터, 정신병원, 요양소, 장애인 복지관 등 여러 기관에서 일하게 된다.

음악치료의 대상은 아동에서부터 노인에 이르기까지 연령별로 다양하며 많은 사람들이 혜택을 받고 있다. 인류 문명이 시작된 이래 치료용 목적으로 사용되어 온 음악이 이제는 음악치료라는 새로운 전문 치료 영역으로 자리 잡은 것이다.

opera House!
CAFE

# 한눈에 알아보는 음악의 역사

# 음악은 어떻게 생겨났을까?

**원시인들을 상상해 보자!** 많은 유적지에서 그들이 그린 그림이나 벽화가 발견되지만 그들의 음악을 들어보는 것은 불가능하다. 음악은 소리로 이루어져 있기 때문에 그 소리를 녹음하거나 악보로 전하거나 또는 입으로 전해야만 한다. 아마도 그 당시의 사람들도 표현하고 싶었던 감정들을 어떤 방법으로든지 소리로 표현하려는 노력을 틀림없이 했을 것이다. 하지만 소리로 된 흔적을 찾을 수 없기에 우리는 미술작품이나 악기를 통해 살펴보거나, 아프리카 원주민 집단이나 아메리카 인디언들의 음악에서 어느 정도의 흔적을 발견할 수밖에 없다. 아마도 어떤 텅 빈 물체를 손이나 막대로 두드리다가 소리를 발견했을 것이다. 그런 타악기를 길게 또는 짧게 두드림으로써 리듬을 발견하고 그 리듬에 몸을 맡기며 황홀경에까지 이르렀을 것이다. 원시시대의 음악은 영적인 측면을 많이 가지고 있었다. 제사의식에 음악을 사용했을 것이며, 힘든 일을 할 때 음악은 마술에 걸린 것처럼 노동

한눈에 알아보는
음악의 역사

의 고통을 감소시키는 수단이 되었을 것이다. 예를 들어 노동요를 생각해 보자. 지금도 농촌에서는 노동요를 부르며 일을 하고 있는 모습을 쉽게 발견할 수 있다. 노래를 부름으로써 즐겁게 노동을 할 수 있고, 노래를 통하여 노동의 내용이나 노동하는 사람의 생각과 감정까지 나타나게 되었다.

음악은 죽어가는 사람의 병을 고치기 위해, 더 많은 양의 먹을거리를 얻기 위해, 전투에서 승리하기 위해 사용하기 시작했다. 그들은 돌멩이, 속을 파낸 나무줄기, 갈대, 크기에 맞추어 자른 동물의 뼈, 딱딱한 껍질, 뿔, 가죽 등으로 악기를 만들었다.

또한 목소리의 음높이를 발견해 특정 신호로 사용하기도 하였다. 이 간단한 음과 리듬에 원시적 선율이 첨가되었는데, 처음에는 종교적 제식의 주재자, 또는 춤이나 노동요에서 선창자들의 가사와 함께 시작된 것으로 다분히 주술적이었다. 아울러 그들은 음악적인 소리로써 그들의 개인적인 쾌·불쾌의 감정적 욕구를 만족시키고 싶은 충동을 느끼게 되었다.

# 음악의 기원, 고대 음악

**사람은 음을 이용하여** 말을 만들어 이야기하면서 느끼는 바를 음악으로 표현하게 되었다. 그러므로 음악은 말의 한 종류라고 볼 수도 있지만 그 근원을 구분하기가 어렵다. 미개한 민족이라도 어떤 형태로든 음악이 있었다는 것을 보면 음악은 인간의 본능 중의 하나임을 알 수 있다. 발굴된 고대의 유물에서 사람들이 악기에 맞추어 춤추는 모습 등을 볼 수 있다. 문화가 있는 곳에는 반드시 음악이 있었을 뿐만 아니라 여러 가지 종류의 악기가 사용되었음을 알 수 있다. 이처럼 음악은 우리 생활의 일부였을 것이다. 목동은 가축 떼를 지키며 심심함을 달래기 위해 피리를 불었고 궁정이나 사원에서는 악단이 크고 작은 행사의 음악을 담당했다.

고대 그리스 음악을 어떨까? 고대 그리스의 음악은 신에게서 나왔으며 음악의 창시자와 최초의 연주자들은 아폴론, 암피온, 오르페우스와 같은 반신반인이었다. 그리스인들은 가장 문화적인 민족으로 학문

과 예술 분야를 발달시켰다. 음악을 제사와 오락뿐만 아니라 매우 지적으로 다루었다. 음악에 대한 철학성, 윤리성과 같은 형이상학적인 요소가 논의되었고 과학적인 연구를 했으며, 음악 교육을 대단히 중요시하였다. 음악과 춤을 좋아했지만 특히 시를 더욱 좋아해서 시와 결부된 음악이 발달했고, 악기는 시를 노래할 때 반주용으로 쓰였다. 위대한 수학자이며 철학자이자 음악가로 손꼽히는 피타고라스는 현재 쓰이고 있는 음계의 바탕이 되는 피타고라스 조를 만들어 내기도 했으며, 악보의 시초인 문자보를 발명하였다. 그리스 음악은 오늘날 서양음악의 토대가 되었다.

그리스 음악을 계승한 로마는 그리스 음악을 널리 전파하는 역할을 했다. 음악을 창조적으로 다루었던 그리스와는 달리 생활의 장식 또는 관능의 자극으로 썼으며, 전쟁에 필요한 취주악기(관악기)를 중심으로 군악대를 조직하였다. 그들은 수백 명이 참가하는 대대적인 구경거리를 좋아해서 더욱 강력한 소리를 내는 악기들을 만들어 거칠고 장중한 음색으로 관중을 압도하는 팡파르를 울렸다.

## 7음계는 어떻게 만들어졌을까?

악기를 배울 때 가장 먼저 도−레−미−파−솔−라−시를 익힌다. 쇼팽과 베토벤을 완벽하게 연주하는 사람도 처음에는 아기가 걸음마를 배우듯이 음계를 익혔을 것이다. 그럼 누가 7음계를 발견했을까? 정답은 수학자 피타고라스이다. 피타고라스는 음악에 미쳐서 페르시아, 로마, 갈리아, 러시아를 두루 다니면서 모든 스케일(음계)을 듣고 다녔다. 스케일들 사이에 어떤 공통점이 없을까 생각하다가 그 뒤에 어떤 완벽한 수학적 구조가 있을 거라는 생각에 심취해 있었다.

어느 날 피타고라스는 아테네의 거리를 걷다가 대장간 앞에 이르렀다. 그때 그는 3개의 전혀 다른 음을 들었는데, 그들 사이에 완벽한 조화가 있었다. 대장장이들이 망치질하는 소리를 듣고 피타고라스는 '모든 스케일은 분명히 이 화음을 토대로 하고 있을 거다'라고 생각하며 그 세 자루의 망치를 사서 연구하기 시작했다. 작은 망치는 정확하게 큰 망치의 1/2 무게, 그리고 가장 작은 망치는 큰 망치의 1/3 무게였다. 여기서 피타고라스가 발견한 것은 1, 1/2, 1/3이라는 수열이었다. 일단 1/2로 음을 나누면, 원음의 한 옥타브 높은 소리가 나오는 것을 알아냈다. 또 2/3이라는 비율로 계속 올라가면 모든 음을 발견할 수 있을 거라고 생각했다. 그래서 솔의 2/3를 따서 레를 만들었고, 레의 2/3을 따면 라이고, 라의 2/3가 미이고, 미의 2/3가 시, 시의 2/3가 파가 되었다. 이렇게 도−레−미−파−솔−라−시가 만들어졌다.

# 4대 문명 발상지의 음악을 찾아서!

고대의 음악은 4대 문명 발상지를 중심으로 발전하였다. 이곳의 비옥한 땅에서 화려한 문명이 탄생했고 가장 오래된 음악의 전통이 시작되었다.

### 메소포타미아 문명의 음악

유프라테스 강 하류에 살았던 수메르인들은 신에게 예배하는 것을 중요시 여겼다. 따라서 자연스럽게 음악이 예배에서 중요한 역할을 하기 시작했다.

또한 다양한 악기들도 연주하였다. 우르 유적에서 출토된 악기나 음악을 연주하는 모습을 그린 그림을 보면 피리, 하프, 대가 긴 류트, 조그만 북 등의 악기들을 볼 수 있다.

메소포타미아 문명사회에서 음악가는 왕과 성직자 다음 가는 자로 학자보다 더 중요시 여겼다. 그들은 비록 적일지라도 음악가는 죽이지 않았고 다른 전리품들과 함께 데리고 돌아왔다. 따라서 메소포타미아 문명의 음악은 더욱 발전했고 바빌로니아의 전성기에는 대규모의 악대를 편성하게 된다.

### 인더스 문명의 음악

정확한 자료나 문헌이 남아있지 않아 인도 문명의 음악에 대해 자세히 알 수가 없다. 하지만 적어도 기원전 1200년경에 쓰인 '리그 베다(시의 베다)' 의 찬가를

살펴보면 아주 오래전부터 음악이 존재
했다는 것을 알 수 있다. '베다' 란 '지
식' 이라는 뜻을 지니고 있는데, 고대 인
도종교의 경전을 말한다.

## 황하 문명의 음악

고대 중국의 악기에는 금(琴, 7줄로 된 거문고의 일종)과 슬(瑟, 25줄 내외의 현악
기), 그리고 생(笙, 입으로 부는 악기)이 있다. 하지만 안타깝게도 진시황제의
'분서갱유(焚書坑儒)' 정책 때문에 고대 중국의 음악이 어떻게 전승되었는가
하는 기록들이 많이 사라져 버렸다. 분서갱유란 '책을 불태우고 학자를 생매
장한다' 는 무시무시한 정책으로 이 때문에 중국의 오래된 문화들이 많이 사
라져 버렸다. 중국 사람들은 이런 시련 속에서도 음악을 소중히 지켜냈으며
음악을 우주와 인간이 조화되는 완전한 것으로 여겼다.

## 이집트 문명의 음악

오늘날까지 남아있는 자료 중 가장 오래된 것은 기원전 3100년 이전에 만들
어진 서있는 무용수 조각이나 병에 그려진 무용수의 모습 등이다. 가장 확실
한 증거는 '피리 부는 여우' 조각인데 이것은 기원전 3000년경에 점판암으
로 만들어진 팔레트에 새겨져 있다. 점판암은 퇴적암의 일종으로 얇고 넓게
쪼개지는 성질을 지녔다
거대한 피라미드들이 축조되었던 이 시기의 벽화에는 노래하는 사람, 하프
를 타는 사람, 긴 피리를 부는 사람들의 모습이 그려져 있는데 이 그림들에서

는 종교적이라기보다는 가정적이고 감미로운 음악을 느낄 수 있다. 점차 큰 악단이 형성되었는데 하프, 류트, 더블 오보에(갈대로 만든 관이 2개인 오보에), 트럼펫, 크로탈(현재 캐스터네츠 비슷한 악기), 드럼 등의 여러 가지 타악기들을 사용해 편성되었다.

# 종교음악의 탄생, 중세 음악

**중세 로마의 음악은** 그리스 음악을 계승하였다. 매우 실질적이었던 로마인들은 음악을 축제나 행진에만 이용하여 그리스 음악이 지닌 예술성을 세속화, 오락화시켰다.

또한 아울로스와 같은 티비아, 트럼펫과 같은 리투스, 혼과 같은 부키나, 그리고 기원전 3세기 알렉산드리아에서 발명된 원형 극장용 수압 오르간 등 많은 악기가 발달하였다.

중세에는 기독교 기본교리를 철학적으로 체계화한 교부철학의 영향 아래 있었다. 그래서 음악을 고대 그리스처럼 이데아(idea)로 가기 위한 삶의 과정으로 여기지도 않았고, 또 로마시대처럼 쾌락을 위한 존재로도 여기지 않았다. 중세 사람들은 음악의 존재 의미와 가치가 완벽함의 표상인 하느님을 찬양할 때 생기는 것이라고 믿었다.

당시 로마제국은 '황제숭배'를 강요했는데, 기독교도들은 황제를 숭배하지 않았기 때문에 황제들은 초기 기독교를 엄청나게 박해했다.

한눈에 알아보는
음악의 역사

그러나 그것은 오히려 기독교도들의 단결에 불을 붙이는 결과를 가져
왔다. 결국 콘스탄티누스 황제가 밀라노 칙령을 발표함으로써 기독교
는 이제까지의 박해에서 벗어나 로마제국 공인 종교로 인정되었다.
기독교 교회에서 음악은 예배에서 없어서는 안 될 중요한 존재였다.
따라서 성가대원에서부터 철학자, 신학자에 이르기까지 음악은 기초
적인 지식이었다. 음악이란 하느님에게 '말씀'을 올리기 위한 가장 적
합한 '말'로서 특별한 지위를 차지하고 있었던 것이다.
중세음악은 종교음악과 세속음악으로 나뉜다. 이 중 종교음악의 밑바
탕이 된 것은 '그레고리안 성가'이다. 그레고리안 성가는 초기 기독교
음악으로부터 중세 말까지 영향을 미쳤다. 주로 기독교 음악이 발달
했던 시기로, 단성음악(Monophony)에서 다성
음악(Polyphony)으로 완성된 시기이기도 하다.

### 종교음악

기독교가 로마의 국교가 되자 교회음악이 발달
했다. 특히 7~9세기 사이 로마를 중심으로 발
달한 단성적인 교회음악 양식을 로마네스크(Roman-
esque)음악이라 한다. 물질숭배 사상을 배제하던 교회에
서는 물질로 만들어진 악기를 용납하지 않았기 때문에
가사가 붙은 성악음악만이 존재했다. 물론 가사도 종교
적 성격을 띤 라틴어로 되어 있었다. 이것은 음악의 존재

이유를 심미적 가치에서 찾았던 것이 아니라 하느님을 찬양하는 신앙적 가치에서 찾았기 때문이다. 따라서 음악 그 자체보다는 교회의 예배의식을 더 중요시했으며, 교황 그레고리우스가 만든 단성 성가 '그레고리안 성가(Gregorian Chant)'가 예배의식에 쓰였다. 또한 성가에 네우마(Neuma)라는 기보법을 사용하기도 했다. 11세기에 이탈리아의 구이도 다레초는 4선 보표와 음계명을 만들어 계명 창법을 창안했다.

## 세속음악

12~13세기에 발달된 세속음악은 8세기경부터 어깨에 악기를 메고 각지를 돌아다니던 음유시인이 점차 많아지면서 11세기경 프랑스 동남부의 트루바두르, 북부의 트루베르라는 기사가인(騎士歌人)에 의해 생겨났다. 그들은 라틴어가 아닌 일상 언어로 노래했기 때문에 사람들은 그들의 노래를 쉽게 이해하고 흥얼거릴 수 있었다.

14~15세기에는 네덜란드와 로마를 중심으로 한 다성적인 교회음악과 단성적인 세속음악 양식으로, 신예술(Ars nova) 운동이 일어났다. 아르스 노바는 이전의 신 중심적인 사고에서 탈피해 인간의 이성과 성스러운 계시를 분리해야 한다고 주장하는 학파이다. 즉 인본주의(Humanism)가 발생하게 되는데, 이것은 후에 르네상스에 가장 큰 영향을 미치게 된다. 새로운

한눈에 알아보는
음악의 역사

시대 경향을 반영해 사랑, 자연미 등을 노래한 세속작품의 수도 증가
했다.

## 르네상스 시대의 음악

'르네상스'라는 말은 '고딕'이나 '바로크'와 같이 미술사에서 빌려온
용어이다. 르네상스는 '재탄생'의 의미로 고대 문화의 부흥을 뜻하는
말이다. 그러나 넓은 의미의 르네상스는 인간정신의 재탄생으로서 인
본주의적 예술창작 태도, 조화와 비례의 중시, 합리적인 기법의 탐구,
명확한 표현 등이 그 중심 내용을 이루고 있다.

물론 음악에서도 이런 양식상의 특징이 확연히 나타나고 있다. 즉, 음
역이 현저히 넓어지고, 새로운 음공간이 개척된 것은 회화의 원근법
과 비길 수 있으며, 악보 인쇄술의 발명과 정량 기보법의 보급은 르네
상스의 과학정신과 관련된다. 또한 음악에 관한 새로운 종류의 이론
서와 계몽적인 음악입문서가 간행되어 폭넓게 음악을 보급할 수 있었
다. 또한 음악 인쇄의 시작으로 음악이 더욱 성장할 수 있게 되었다.

## 네우마 악보는 어떻게 발전해 왔을까?

중세시대의 그레고리안 성가에 사용되었던 기보법인 네우마는 '고갯짓' 또는 '부호'를 의미하는 그리스어 Neuma에서 유래했다. 네우마의 기원에 대해서는 여러 가지 설이 있으나 일반적으로 비잔티움의 아리스토파네스가 창안한 그리스 로마 문학의 강약부호가 네우마의 직접적인 기원이라고 알려져 있다. 이 부호는 목소리의 상승과 하강을 표시함으로써 낭독 시 주요 지점을 나타내고 있다.

네우마 악보는 점과 획으로 이루어져 발전을 거듭하다가 갈대펜에서 깃촉펜으로 필기도구가 바뀜에 따라, 네우마의 모양이 굵어지고 각이 생겼다. 그리고 13세기에 이르러 사각형 모양을 갖게 되었다.

한눈에 알아보는
음악의 역사

# 창조와 변화를 꿈꾸는 바로크시대 음악

**14세기 초엽** 최초의 신음악이라고 불리는 아르스 노바의 탄생 이후 두 번째 신음악이 탄생하였다. 그것이 바로 바로크(Baroque) 음악이다. 역사가들이 1600~1750년의 음악에 바로크라는 이름을 붙인 것은 그 음악이 당대의 건축, 회화, 조각, 문학, 나아가서 철학과 어느 정도 비슷하기 때문이다. 이 시기뿐만 아니라 어느 시기에 만들어지는 음악이든지 당대의 다른 예술에서 표현된 경향, 관념들을 다분히 반영한다.

바로크라는 말은 '찌그러진 진주'를 뜻하는 포르투갈어에서 유래하였다. 비정상적인 것을 헐뜯는 말이지만 이전 시대의 음악과 견주어 볼 때 새로운 양식이 그들에게 생소하게 느껴져서 붙여진 이름일 것이다.

바로크시대는 절대주의인 왕권과 귀족의 사회였으며 교회음악, 오페라, 기악 부문이 이탈리아를 중심으로 발전하여 유럽 전역에 그 힘이 미치게 되었다. 또한 대위법의 시기였던 르네상스와 화성법의 시기인 고전파 음악 사이에서 대위법과 화성법이 교차하는 다채로운 음악의 시대라 할 수 있다. 또한 이 시대의 음악은 안정감 대신 약동감을 특징으로 하여 웅장하였고, 거기에 다채로운 장식이 함께 가해져 찬란하고 화려하며 다소 복잡한 모습을 띠었다. 이 시기에는 장조, 단조가 확정되어 사용되었다.

이전의 음악에서 악기란 아름다운 음성을 위한 반주의 도구였지만 16세기부터는 악기 그 자체가 주목을 받기 시작했다. 악기를 더욱 정교하게 만들었는데 영국의 버지널, 프랑스의 클라비코드, 클라브생(하프시코드) 등의 다양한 건반악기들이 발달했고, 아마티와 스트라디바리는 이탈리아의 크레모나에서 찬란한 음색의 완벽에 가까운 바이올린을 만들었다. 이에 맞추어 음악가는 더욱 능숙한 연주를 했고 작곡가들은 더 복잡한 악보를 썼다.

17세기 후반에는 오페라를 비롯한 오라토리오(Oratorio), 칸타타(Cantata), 수난곡(Passion) 등의 성악곡과 교회소나타와 궁정소나타, 합주협주곡, 푸가, 협주곡 등의 기악곡이 발전하였다.

이 시대에는 교회의 역할이 이전보다 덜 중요해진 반면, 귀족 또는 종교적 후원자들이 음악 활동을 지원하여 여러 개의 아카데미를 형성하였다. 입장료를 받고 연주회를 여는 상업적인 음악회가 1672년 영국에서 시작되어 독일과 프랑스까지 퍼지면서, 18세기 중엽 이후에는

더욱 활발하게 진행되었다.

또한 성악에도 여전히 많은 관심을 보여, 오페라 이외에도 오라토리오, 칸타타 등이 발전했고 우리가 알고 있는 기악음악 형식인 협주곡, 모음곡, 소나타 등이 바로크 시대에 완성되었다.

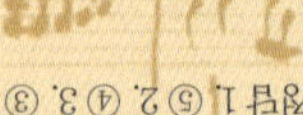

## 음악 상식 퀴즈!

1. 다음 중 바로크시대의 음악가가 아닌 사람은?

    ① 클라우디오 몬테베르디 ② 헨리 퍼셀 ③ 안토니오 비발디

    ④ 장 필립 라모 ⑤ 펠릭스 멘델스존

2. 다음 중 음악의 아버지 바흐의 곡이 아닌 것은?

    ① 브란덴부르크 협주곡

    ② 사랑하는 형의 여행에 즈음한 카프리치오

    ③ 전주곡과 푸가 G단조

    ④ 라 폴리아 변주곡

    ⑤ 사냥 칸타타

3. 《왕궁의 불꽃놀이》, 《수상음악》 등을 작곡한 음악가는 누구일까요?

    ① 안토니오 비발디

    ② 아르칸젤로 코렐리

    ③ 게오르크 프리드리히 헨델

    ④ 지우젭페 타르티니

    ⑤ 게오르크 필립 텔레만

정답 1.⑤ 2.④ 3.③

# 바로크시대 음악가, 코렐리와 퍼셀 이야기

우리는 바로크시대에 이탈리아 음악을 이끈 작곡가로 안토니오 비발디를 떠올린다. 오라토리오, 오페라 등을 많이 작곡하여 기악음악에 큰 영향을 준 비발디는 《사계》 중 '봄'이 대중음악에 피처링되면서 클래식음악을 어렵게 여기는 사람들에게도 친숙하게 다가갔고 더불어 비발디 역시 우리에게 친숙한 음악가가 되었다.

비발디가 활동하기 직전에 이탈리아 바로크 음악을 이끈 작곡가가 있다. 그는 바로 아르칸젤로 코렐리다. 17세기 이탈리아의 기악곡의 발달을 얘기할 때 가장 중요한 위치를 차지하고 있는 사람 중의 하나다.

작곡가 겸 바이올리니스트인 그는 특히 바이올린이란 악기의 근대적인 주법과 작곡법을 정착시키는 데 큰 공헌을 하였다. 고전시대의 바이올린 음악이 크게 융성할 수 있었던 것 역시 코렐리의 공이 크다.

12곡으로 되어 있는 바이올린 소나타집(작품 5)은 그의 작곡법이 가장 극명하게 집약된 작품이다. 이 작품집은 바흐 이전에 쓰인 가장 뛰어나고 독창적인 바이올린 음악으로, 마지막 곡인 제12번 《라 폴리아 변주곡》은 너무나도 유명하다. 또한 콘체르토 그로소(합주협주곡)의 전형을 제시한 작품 6번도 기악음악의 꽃이라 할 수 있다.

그렇다면 영국의 바로크시대 음악을 이끈 최고의 음악가는 누구일까? 그는 바로 퍼셀이다. 퍼셀은 바로크시대뿐만 아니라 영국 음악사 전체로 볼 때 매우 큰 영향을 끼쳤다.

그는 여러 장르에서 활동을 하였다. 천재적인 음악적 재능을 다 펼쳐보

지도 못한 채 38세의 나이로 짧은 생을 마감했는데, 짧은 생애에도 불구하고 오페라, 종교음악, 기악곡, 관현악곡 등 다방면에 걸쳐 주목할 만한 작품들을 남겼다.

철저한 폴리포니를 사용한 풍부한 악상과 자유분방한 판타지의 추구는 독특하며, 그로 인해 퍼셀은 당대의 선구자적인 길을 걸어간 작곡가로 평가되고 있다.

## 왜 음악의 아버지는 바흐, 음악의 어머니는 헨델로 부를까?

아무리 음악에 관심 없는 사람이라도 음악의 아버지는 바흐, 음악의 어머니는 헨델이라는 정도는 알고 있을 것이다. 어떻게 이런 호칭이 붙게 된 것일까? 게다가 음악의 어머니인 바흐는 남자 아닌가!

서양 조성음악의 기원은 바로크 음악에서 시작되었다. 바로크시대의 음악을 대표하는 음악가가 바흐와 헨델이다 보니 음악의 아버지와 어머니라고 부르게 되었다고 본다. 바흐 이후의 거의 모든 작곡가들이 젊은 시절에는 자신의 독창적인 작품을 쓰다가 노년이 되면 바흐를 회상하며 바흐의 작곡기법을 자신의 작품에 도입하는 경우가 많은 만큼 바흐의 음악은 서양음악의 큰 정신적 지주가 되어왔다. 아무래도 헨델보다는 바흐의 업적을 더 크게 보기 때문에 바흐를 음악의 아버지라고 하는 것 같다. 그리고 곡의 특징 면에서 보자면 바흐의 곡은 장중한 반면 헨델의 곡은 화려하기 때문에 바흐의 곡이 더욱 남성적이고 헨델의 곡이 더욱 여성적이라 불리는지도 모르겠다.

## 오페라, 오라토리오,
## 칸타타는 어떻게 다를까?

일상생활에서 오페라나 오라토리오, 칸타타는 많이 들어보았을 것이다. 하지만 어떻게 다른지 모르는 경우가 많다. 자, 지금부터 하나하나 자세히 알아보도록 하자.

오라토리오의 어원은 오라토리움(oratorium)이라고 하는 성당의 기도실에서 유래했다. 17~18세기에 가장 성행했던 대규모의 종교적 극음악으로 최초의 오라토리오 작품은 1600년에 나타났다. 최초의 오라토리오는 카발리에리가 작곡하고 연주한 《영혼과 육체의 묘사》였다. 이 오라토리오는 다른 초기의 오라토리오와 마찬가지로 무대 위에서 의상, 연기, 무대장식을 사용하였고 이런 면으로는 오페라와 크게 다르지 않았다. 하지만 오페라의 대본이 대체로 세속적인 주제인 것과 반대로 오라토리오는 대체로 종교적인 주제를 다루었다. 오페라와 오라토리오는 대규모의 작품이며 연출하는 극음악이라는 공통점이 있었으나 이후의 오라토리오는 연기와 동작이나 무대장치가 사용되지 않았다. 오페라처럼 독창, 합창, 오케스트라로 구성되어 있으나 오페라에 비해 합창의 비중이 더 크며, 드라마의 줄거리를 해설하는 역의 '테스토(Testo)'가 있다. 오라토리오에는 작곡가의 모든 성악적, 기악적인 음악기법과 역량이 사용되며, 자신의 철학과

신앙심 등이 내재되어 있는 위대한 예술로 평가받고 있다.

3대 오라토리오에는 헨델의 《메시아》, 하이든의 《천지창조》, 멘델스존의 《엘리야》가 있다.

칸타타는 '노래하다' 라는 뜻의 이탈리아어에서 유래한 4~6개의 악장으로 이루어진 바로크시대의 성악곡 형식이다. 원래는 기악 연주를 위해 작곡된 소나타에 대해 성악으로 연주되는 음악작품을 지칭하는 용어였으나, 지금은 성악과 기악을 위한 음악작품 전반을 포괄적으로 지칭한다. 내용은 세속적인 것과 종교적인 것이 있으며 초기 칸타타는 주로 독창곡으로 실내에서 연주하기 위한 성악실내악이었다. 당시의 오페라와 마찬가지로 레치타티보–아리아의 구조를 가진 것이 특징이었다. 17~18세기 이탈리아의 칸타타 중 종교적인 칸타타는 3퍼센트(7,480곡 중 223곡)에 불과했다고 한다.

1800년경부터 칸타타 양식은 점차 자유로워져 이후로는 독창, 합창, 관현악을 위한 규모가 큰 작품을 지칭하게 되었다. 오라토리오와 비교하면 오라토리오가 내용상 더 극적이고 규모면에서도 더 크다. 이후에도 오라토리오의 반주는 오케스트라가 계속 담당하지만 칸타타의 반주는 대부분 피아노나 몇 개의 악기를 사용하고, 특히 교회 칸타타에는 오르간 반주를 사용한다.

# 수직과 수평의 조화,
# 고전시대 음악

**프랑스와 독일을 중심으로** 일어난 계몽주의적 사상을 기초로 한 고전시대 음악(Classic Music)은 형식미를 존중한 화성적 단성음악(동성음악, 호모포니)으로 단순하고 명쾌하다.

형식미를 존중했다는 것은 음악 그 자체에 충실했다는 것으로 절대음악(구성된 음만으로 표현하는 음악)을 뜻한다. 객관적이며 균형 잡힌 절제된 음악으로 수직과 수평의 조화와 그것에 기초를 둔 형식이 확립되었고, 셈여림의 변화와 조바꿈이 중요시되었다. 고전주의 음악가들은 기악음악을 추구하게 되었고 기악음악으로서 정형화된 형식의 완성을 볼 수 있었다.

기악음악이 발달하면서 교향곡에는 악장의 개념과 소나타 형식이 정착하였다. 논리적인 조성 체계의 상호 관계를 기초로 소나타 형식(제시부, 발전부, 재현부)이 완성되었고, 1악장이 소나타 형식으로 되어있는 소나타(피아노소나타, 바이올린소나타, 플루트소나타, 첼로소나타)가 발

한눈에 알아보는
음악의 역사

전했으며 특히 실내악, 협주곡, 교향곡과 같은 기악곡이 많았다. 실내악 부문도 많은 발전을 이루었으며, 특히 현악4중주의 인기가 두드러졌다.

바로크시대 말기부터 이탈리아 나폴리 오페라가 극의 내용을 무시하고 성악적 기교만을 과시함으로써 문제점이 제기되었고, 고전시대에 이르러 오페라 개혁 운동으로 구체화되었다. 글룩의 오페라 개혁 운동은 오페라의 종합적 예술성을 중요시하는 풍토를 마련해 주었다.

고전시대에는 오르간음악이 쇠퇴하고 피아노음악이 발전하였다. 오랜 세월 동안 악기의 제왕으로 군림해 왔던 오르간이 대편성 관현악단과 피아노의 대두에 따라 그 지위가 약화된 것이다.

새로운 강약법이 실현가능한 피아노가 등장한 후 모차르트, 베토벤을 거쳐 놀랄 만한 발전을 거듭했다. 특히 구조적으로 개선된 피아노의 발전에 힘입어 그들의 음악세계를 충분히 표현하는 피아노 작품이 많이 작곡되었다. 이 시대는 정신과 육체, 자연과 인간, 그리고 형식과 내용, 예술성과 대중성의 조화와 통일의 시대였으며 음악사에서 불멸의 대음악가인 하이든, 모차르트, 베토벤이 빈을 중심으로 활약했다.

## 오페라의 개혁자, 글룩

오페라의 역사를 얘기할 때 빼놓을 수 없는 사람이 있다. 바로 독일의 작곡가 글룩이다. 그는 줄거리의 연관성이나 극적인 구성보다 아리아의 성악적 기교에만 치중하게 된 오페라의 개혁을 주장하였으며, 오페라에 극적인 생명력을 불어넣은 서곡 형식을 완성했다. 또한, 이탈리아 오페라를 독일에 들여와 독일 오페라의 부흥을 이뤄낸 장본인이기도 하다.

그는 초기에는 오페라 세리아를 주로 작곡하였으나, 1750년대 오페라 개혁에 강한 자극을 받게 되어 시인 칼자비지와 합동으로 비엔나에서 《오르페오와 에우리디체》와 《알체스테》를 상연했다.

《오르페우스》의 서곡에 소나타에 가까운 형식을 도입했으며, 《알체스테》에는 이탈리아 서곡의 '빠르게-느리게-빠르게'와 프랑스 서곡의 '느리게-빠르게-느리게'를 절충한 독자적인 형식을 사용했다.

이것은 아직 엄격한 의미에서 소나타 형식의 조적 관계를 가진 것은 아니지만 대체로 서주를 가진 소나타 형식이라 할 만한 것으로, 이후 이 형식은 모차르트, 베버에 영향을 주어 형식의 결정을 보게 된다. 베토벤의 《레오노레》 서곡도 글룩의 서곡 형식에 따른 것이다.

모든 국민에게 알맞는 음악을 작곡하는 것이 목표였던 글룩은 이탈리아의 오페라 양식과 프랑스의 양식을 익히고 여기에 독일풍의 중후한 오케스트레이션을 넣어 국제적인 오페라를 만들어 냈다.

글룩의 이러한 작품들은 오페라 서곡의 본보기가 되었을 뿐 아니라, 낭만주의 시대의 교향시나 표제음악의 수법에도 방향을 제시해 주었다.

글룩의 대표적인 작품으로는 《오르페오와 에우리디체》와 《알체스테》가 있다. 《오르페오와 에우리디체》는 그리스 신화를 바탕으로 1762년 칼자 비지의 대본을 오페라화한 것이다. 당시 두 사람은 전통적인 이탈리아 오페라가 성악적 기교에만 치우치는 경향을 우려하고 극과 음악의 자연스러운 융합을 꾀하였다. 이 작품은 오페라 역사상 가장 중요한 작품 중 하나로 손꼽힌다. 초연은 1762년 10월 5일, 프란시스 1세의 탄생 축연일에 오스트리아 빈의 브르크 극장에서 상연되었다.

오페라 《알체스테》는 아드메토스 왕의 중병이 완치된 보상으로, 산 사람을 희생물로 바쳐야 하는데 응하는 사람이 없자, 왕비인 알체스테 자신이 희생물이 되려고 하는 비극으로, 글룩은 이 비극의 느낌을 서곡에서 묘사해 낸 것으로 유명하다.

# 한국 최초의 오페라는 무엇일까?

1940년 조선오페라단에 의해 한국 최초의 오페라 공연이 상연되었다. 작품은 바로 《흥부와 놀부》이다. 하지만 연주회 형식의 공연에 불과해 최초의 오페라로 여기지 않는 사람들도 있다.

그렇다면 오페라 형식을 갖춘 최초의 공연은 무엇일까? 1948년 1월 서울 명동의 국립극장에서 상연된 《라 트라비아타》가 그것이다.

일제 강점하에 이탈리아로 유학해 성악을 전공하고 돌아온 이인선 씨는 해방 후 '한국벨칸토회'를 창설해 많은 후진을 양성했으며, '국제오페라사'를 창단해, 한국 최초의 오페라 공연을 상연했다.

1950년 5월에는 한국 최초의 창작 오페라가 열렸다. 현제명 선생이 작곡한 《춘향전》이 무대에 오른 것이다. 이어 전쟁이 끝난 1954년 현제명 선생의 두 번째 창작 오페라 《왕자호동》이 상연되었으며, 1960년에 세 번째 창작 오페라로 김대현 선생의 《콩쥐팥쥐》가 상연되었다.

한눈에 알아보는
음악의 역사

## 하이든의 재치를 엿볼 수 있는 《고별교향곡》

《고별교향곡》 하면 막연히 누군가와 헤어지는 것에 대한 아쉬움을 표현한 곡이라고 생각하겠지만 하이든의 재치 있고 유머러스한 인간미가 느껴지는 재미있는 일화가 있어 하나 소개하겠다. 이 곡은 하이든이 음악을 이용해서 자연스럽고 재미있게 동료들의 고충을 해결해 준 곡이다. 하이든이 모시던 에스테르하지 후작은 헝가리의 귀족으로 음악을 너무 좋아해서 재정적 지원을 아끼지 않았다. 에스테르하지 후작은 베르사이유 궁전을 모방한 에스테르하지 궁을 빈에서 멀리 떨어진 노이지들러라는 조용한 호숫가에 지어 많은 시간을 보냈는데 특히 매년 여름이면 그곳에서 음악을 즐기는 것을 좋아했다. 하지만 그 곳은 빈에서는 멀리 떨어져 있었고, 악단의 단원 중 젊은 연주자들은 빈에 두고 온 애인이나, 젊은 아내를 그리워하며 여름을 나야 했다. 그러던 어느 해(1772년) 에스테르하지 후작은 여름이 다 지나가는데도 빈으로 돌아갈 생각을 하지 않고, 마냥 그곳의 생활을 즐기며, 저녁이면 연주를 즐기고 있었다. 빈으로 돌아갈 날만을 기다리던 단원들은 불만이 가득했으나 감히 내색할 수는 없었다. 젊은 단원들의 불만을 알게 된 하이든은 기발하고도 멋진 방법으로 젊은 단원들에게 행복한 귀향을 선물했다.

그 곡이 바로 교향곡 45번 《고별 교향곡》이다. 이 교향곡의 1악장, 2악장, 3악장은 여느 교향곡과 비슷한 형식을 갖추었으나, 마지막 4악장에서는 아주 재미있는 일이 벌어진다.

빠른 속도의 프레스토가 갑자기 중단되고, 간청하는 듯한 아다지오 주제가 부드럽게 연주된다. 30마디 후에 제2혼의 주자는 악보를 접은 다음, 보면대(악보를 펼쳐서 놓고 보는 대)의 촛불을 끄고 퇴장한다. 후작 일행의 어리둥절해하는 얼굴을 뒤로하고 플루트 주자가 같은 방법으로 또 퇴장, 잇달아서 제1혼, 오보에, 각 현의 주자가 잇달아 퇴장하고, 마지막에는 촛불 하나만 남겨진 어두운 곳에 두 명의 바이올린 주자만이 남아서 지친 듯 종결부를 담당한다. 대공이 이 무언의 간청을 이해한 것은 물론이었다. 후작은 즉각 단원들의 대기실로 와서 이튿날부터 휴가를 주었다.

# 개인의 감정을 중시한 낭만시대 음악



**18세기 후반에서** 19세기 전반에 걸쳐 자유주의 사상이 만연해지면서 프랑스 혁명이 일어났다. 이것을 계기로 음악도 커다란 전환점을 맞이하게 되었다.

낭만시대 음악은 베버, 슈베르트 등의 전기낭만파 시대부터 멘델스존, 슈만, 쇼팽 등의 중기낭만파 시대를 거쳐 베를리오즈, 바그너 등의 후기낭만파 시대에 이르는 1세기 동안에 급속히 발전하였다. 당시의 사회상이 음악에 큰 영향을 미쳤는데 크게 세 가지로 알아볼 수 있다. 첫째로 산업혁명의 결과로 값싸고 기능이 좋은 악기의 제작이 가능해졌을 뿐 아니라 관악기가 다양하게 발전해 낭만파 음악의 음향에 큰 영향을 미치게 되었다. 둘째로, 사회의 민주화로 교육의 기회가 넓어지면서 유럽의 주요 도시에 음악 학교가 세워져 뛰어난 음악가들을 훈련시키게 되었다. 이로써 19세기 작곡가들은 이전보다 상당히 기교가 향상된 기악 연주자들을 기대할 수 있게 되었다. 마지막으로 음악이 궁전이나 교회에서 공개 음악회장으로 옮겨가면서 관현악의 규모와 기능이 확대되어, 작곡가들은 다양하고 다채로운 표현 수단을 동원할 수 있었다.

이 시기에는 인간의 감정과 개성을 중시하였다. 고전주의 음악이 형식의 통일과 작품 내용의 완벽을 추구한 데 반하여 새로운 시대사조인 휴머니즘에 따라 작곡자의 주관성을 귀중히 여겼으며, 자유로운 사상과 섬세한 감정의 표현을 중요시하였다. 또한 가곡, 교향시, 서곡 등의 형식이 생겨났으며 악장배열이 자유로운 소나타 등 융통성 있는 형식이 나타났고, 소품이 많이 작곡되었다. 서민을 위한 음악, 세속적인 음악과 녹턴(야상곡)과 왈츠, 마주르카, 폴카, 갤럽 등이 많이 작곡되었고 폴로네이즈, 발라드 등의 형식도 생겼다.

표제음악이 발달하게 되었는데 고전시대의 절대음악(음 자체로 모든 것을 표현)에 반해 표제음악은 문학, 미술, 연극 등 자매 예술의 영향을 받아 다양한 표현을 만들어 내는 음악이다. 오페라의 서곡들이 연주회용으로 독립하게 되었는데 문학적, 회화적 표제를 가졌지만 형식적으로는 교향곡의 1악장인 소나타 형식을 취했다. 차이코프스키의 《1812년 서곡》, 《로미오와 줄리엣 서곡》, 멘델스존의 《핑갈의 동굴 서곡》을 한번 들어보자.

연극과 무용의 서곡과 막간음악을 모아 조곡으로 엮은

멘델스존의 《한여름 밤의 꿈》, 비제의 《아를르의 여인》과 그리그의 《페르귄트》 조곡도 있다.

표제교향곡과 단악장의 교향시도 문학적인 주제를 가지고 만든 대규모의 오케스트라곡이다. 베를리오즈의 《환상교향곡》, 리스트의 《파우스트 교향곡》과 《단테 교향곡》이 있다.

최초로 교향시라는 용어를 사용한 사람은 리스트였다. 그의 《전주곡(Les Preludes)》은 이런 유형에 속하는 가장 유명한 작품이다. 교향시는 연주회용 서곡과 어떻게 다를까? 연주회용 서곡이 전통적인 고전형식을 지키는 데 반해 교향시는 그 형식이 훨씬 자유롭다.

교향시의 표제는 셰익스피어, 단테, 괴테, 쉴러, 미켈란젤로, 라파엘로, 바이런, 빅토르 위고 등 낭만주의 시인이나 화가에게서 얻었다.

레퍼토리의 다양화와 더불어 악기도 발달하게 되었는데, 피아노의 음역은 1825년에 이르러 7옥타브로 넓어졌으며 금관악기는 현대식으로 개량되어 더욱 복잡한 주법을 가능하게 했다.

그에 따라 연주기교도 발달해 화려한 연주기술을 가진 연주자들이 나타나 대중의 인기를 모았다. 피아니스트 리스트는 그의 화려한 테크닉에 반해 연주회장마다 여자들이 실신하기도 했다고 한다.

갈수록 새로운 화성진행을 찾게 되었으며 인간의 다양한 감정을 표현할 수 있는 파격적인 음향을 만들어 내기 위해 노력하였다. 반음계법에 의한 화성양식도 발전하였고 낭만 후기에는 차차 무조성의 경향이 나타났다.

오페라는 독일과 프랑스의 낭만주의 오페라가 점차 발전했지만 역시 이탈리아 오페라가 우세했다. 푸치니의 《라보엠》과 베르디의 《라 트라비아타》, 《리골레토》 등이 대표적이다.

종교적인 작품은 이전 시대에 비해 드물게 나타나며 작곡자들이 각 나라의 민요와 민속무곡을 사용하려고 노력한 결과 민족주의의 물결이 일어났다. 헝가리, 폴란드, 러시아, 보헤미아, 스칸디나비아 등 여러 나라의 특유한 음악이 나타나 유럽음악의 리듬, 선율, 화성을 풍요케 함으로써 민족주의 음악 혹은 국민주의 음악이라는 새로운 영역을 열어놓았다.

## 음악으로 거듭난
## 하르트만의 스케치, 《전람회의 그림》

예술은 서로 만나 더 큰 감흥을 만들어 낸다. 문학인 극과 음악이 만나 더 큰 감동의 무대를 선사하는 오페라가 바로 그 예다. 또한 서로 다른 분야의 예술 활동에 새로운 창작의 계기가 되어 주기도 한다. 음악의 아름다운 감동을 그림으로, 혹은 그림의 감동을 음악으로 표현한 것들이 있다. 이 중 무소르그스키의 《전람회의 그림》에 대한 이야기를 할까 한다.

러시아의 국민악파 중 가장 독특한 개성을 지녔으며, 민중적인 것에 특히 강한 애정을 기울인 작곡가 모데스트 무소르그스키와 건축가 빅토르 하르트만은 절친한 친구였다.

하지만 건축가 빅토르는 39세의 젊은 나이로 생을 마감하게 된다. 그리고 1년 뒤 페테르부르크 미술학교에서 열린 하르트만의 미술유작 전시회에 가게 된 무소르그스키는 스케치 등 각종 디자인 400점 이상의 하르트만의 작품을 보며 받은 감동과 친구를 그리는 마음을 음악으로 완성하였다. 그것이 바로 그의 대표적인 기악 작품이며, 19세기 러시아가 낳은 가장 독창적인 피아노 음악으로 평가받고 있는 피아노곡집 《전람회의 그림》이다.

이 곡은 10개의 작품 〈난쟁이〉, 〈옛 성〉,

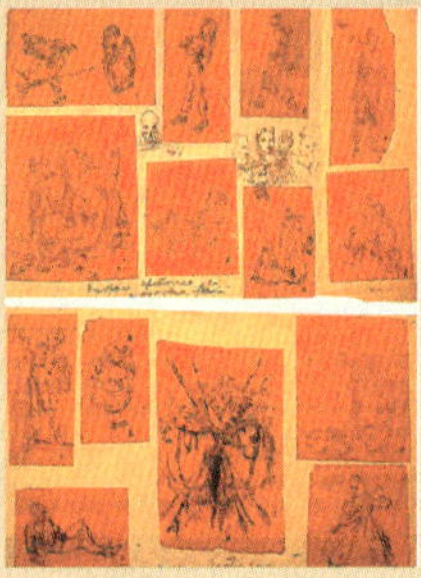

한눈에 알아보는
음악의 역사

〈튈르리 궁전〉, 〈소달구지〉, 〈껍질을 붙인 병아리의 춤〉, 〈사뮤엘 골덴베르크와 슈밀레〉, 〈리모주의 시장〉, 〈카타콤〉, 〈바바야가의 오두막〉, 〈키예프의 대문〉 과 전주, 그리고 간주의 역할을 하는 〈프롬나드〉로 이루어졌다.

〈프롬나드〉를 제외한 모든 곡들은 강렬하며 개성적이고 대단히 풍부한 상상력을 포함하고 있다. 그리고 〈프롬나드〉는 일관된 흐름을 가지고 있어 전체를 통일하는 역할을 한다.

그 배열이 매우 훌륭할 뿐만 아니라 무소르그스키의 독특하고 대담한 독창성이 전곡에 묻어나 오늘날에 들어도 새로운 시대감각을 느끼게 할 정도다.

국민음악파 5인 그룹이 거의 다 그렇듯 무소르그스키도 정규적인 음악 수업을 받지 않은 육군사관학교 출신이었지만, 어머니에게 피아노를 배워 7세 때 리스트의 피아노곡을 치고 9세 때 존 필드의 피아노 협주곡을 칠 만큼 천재성을 보였다. 이러한 재능이 《전람회의 그림》 같은 최대 걸작을 낳은 것이다.

이 곡은 많은 작곡가에 의해 관현악곡으로 편곡되었으나 그중에서도 1922년 지휘자 쿠세비츠키의 의뢰를 받고 라벨이 편곡한 것이 특히 유명하다.

## 음악을 듣고 색을 연상하다

악기는 그 특성에 따라 다양한 소리를 지닌다. 실제로 음의 빛깔, 색채라고 표현하는 음색은 음악의 중요한 요소 중 하나다. 우리도 음악을 감상할 때 특정한 색상이나 이미지를 연상하며 들을 수 있다. 그중 몇 가지를 살펴보자.

- 클라리넷의 따뜻한 소리는 적색을 연상하게 한다.
- 트럼펫, 트롬본, 색소폰과 같은 관악기는 진홍색 계통의 음을 연상하게 한다.
- 오보에의 소리는 소박한 감정을 호소하는 듯하며 초록색을 연상하게 한다.
- 바순은 흐릿한 음색과 슬픈 소리를 내어 갈색을 연상시킨다.
- 피아노는 흰색이나 흑색을 연상시킨다.
- 사이드 드럼이나 트라이앵글은 은회색을 연상시킨다.
- 저음을 내는 북이나 피아노는 검정색을 연상하게 한다.

# 민족주의(Nationalism) 음악이란?

낭만주의의 한 형식인 민족주의 음악은 민족의 고유한 어법이나 제재를 사용해 음악에 민족의식을 담았다. 민족주의 음악은 동유럽 여러 나라와 북유럽 제국에서 발생한 자유, 평등의 정신과 민족 해방을 목표로 하는 국민주의 운동의 영향을 받아 나타났다. 러시아의 민족주의 음악가에는 '국민악파 5인조'라 불리는 보로딘, 큐이, 발라킬레프, 무소르그스키 림스키 코르사코프가 있다. 당시 헝가리나 루마니아에는 많은 민요가 있었는데 음악가들은 그 민요를 소재로 많은 예술작품을 만들었다. 그 대표적 인물인 바르톡은 코다이와 함께 이들 지방을 부지런히 돌아다니면서 자기들의 개성이나 예술성을 첨가해 편곡하면서 새로운 음악을 창조해 냈다. 대표적 작품으로는 《미크로코스모스》, 《현악기, 타악기와 첼레스타를 위한 음악》 등이 있다.

이 외에 보헤미아(체코슬로바키아)의 스메타나, 드보르작, 노르웨이의 그리그, 핀란드의 시벨리우스 등의 민족주의 음악가들이 있다. 이들은 모두 다른 나라의 영향에서 벗어나 자기 나라의 민족적 특색을 음악 속에 살리려고 했다. 우리나라에서도 민족주의 음악을 찾아볼 수 있다. 애국가로 더 잘 알려진 안익태의 《한국 환상곡》도 민족주의 음악이라 할 수 있다.

# 다양한 음악의 향연, 현대의 음악

**19세기에는 인류의 생활과** 직접 관련되는 수많은 것들이 발명되었고 교통과 전파 매체의 발달로 인류사는 끊임없이 새로운 방향으로 발전해 갔다. 라디오나 텔레비전의 보급은 이것을 더 빠르게 진행시켰고 음반과 녹음기의 발명으로 세월이 지난 음악과 다른 민족들의 음악자료를 쉽게 들을 수 있게 되었다. 또한 제1, 2차 세계대전으로 경제 대공황, 빈부 격차, 미래 세계에 대한 동경 등 다양한 사회의 불안감과 급속하게 변화하는 과학문명 등으로 사람들의 가치 기준과 의식 상태가 변화해 표준적인 미(美)의 개념에서 벗어나 다양한 음악들이 공존하게 되었다.

후기낭만시대인 1850년 이후 리스트와 바그너의 작품에서 조성은 더욱 애매해져 무조적인 경향으로 점차 나아갔다. 1890년경 낭만주의 음악이 해체되었다고 보고 있는데 그 후 새로운 양식들이 대두되었다.

20세기는 새음악의 시대이다. 새로운 음악이란 말은 르네상스, 바로

크, 고전주의, 낭만주의 등 시대가 바뀌면서 과거에도 사용하였지만 특히 이 시기의 음악은 과거와의 단절 정도가 심했다. 현대음악의 특징으로 불협화음을 들 수 있다. 불협화음은 인간과 자연의 조화 상실, 인간의 내적 부조화를 표현했다. 음악이 무조건적으로 '아름답다' 든지 '조화롭다' 보다는 '진실' 해야 하기 때문에 추할 수도 있다고 생각했다.

### 인상주의 (Impressionism)

프랑스의 드뷔시가 창안한 인상주의 음악은 낭만주의에서 현대로 전환되는 중요한 과정의 음악이다. 이 음악은 프랑스 인상파의 회화와 상징문학에서 영향을 받았다. 인상파 회화에서는 빛과 그림자를 중시하는 야외 회화를 주장하였고, 형태를 그리는 선보다는 색채와 분위기적 인상을 중시하였다. 이처럼 음악에서도 선율이나 형식의 명확성 대신에 감정을 강조하는 색채적 음악을 사용했다. 작곡가가 시시각각 변화하는 자연의 여러 가지 현상에서 받은 순간적인 감응을 주관적으로 표현했다. 따라서 음악의 다이 내밀한 감동보다는 음빛깔, 뉘앙스의 미묘한 변화를 표현하였다. 기법상으로는 화음진행이 색채적이고, 연속적인 불협화음과 선법, 5음음계 등 예외적인 음계를 사용하였다.

드뷔시는 1892년《목신의 오후 전주곡》으로 인상주의 수법을 확립시켰다. 인상주의의 대표작품으로 관현악 작품《녹턴집(Nocturnes)》, (영상(Imagine)》, (바다(La Mer)》 등이 있다. 그 외에 스페인 작곡가 팔랴의《스페인 정원에서의 밤들》과 이탈리아 작곡가 레스피기의《로마의 소나무》 등도 인상주의 양식을 부분적으로 채용한 곡이다.

## 표현주의 (Expressionism)

20세기 초반에 쇤베르크를 중심으로 주로 비엔나에서 활동한 작곡가들로 이루어졌다. 외적인 현상에 대한 마음의 움직임을 표현하는 인상주의와는 달리 인간의 내면과 잠재의식을 주로 표현한다. 20세기에 들어와서 정세는 세계대전으로 치닫고 있어 유럽사회는 불안하고 사람들 또한 마음의 안정을 잃고 있었다.

표현주의의 극단성, 대조성 등이 새로운 음악의 본질이 되어 고전적 균형을 철저히 기피하였다. 철저히 주관적인 작곡기법을 사용하고 멜로디는 무조(無調, Atonality)이고 화성은 극단적인 불협화음, 거칠게 연주되는 악기들의 음색대조 등이 특징이다. 표현주의 작품으로는 쇤베르크의 연가곡《달에 홀린 피에로》, 교향시《펠레아스와 멜리장드》 등이 있다.

## 신고전주의 (Neoclassicism)

신고전주의는 후기 낭만주의 음악의 지나친 주관적인 정서, 방대한 관현악의 편성, 표제음악적인 인상주의와 표현주의 등에 대한 반동으로 나타났다. 신고전주의는 객관성과 형식성이 특징인 낭만주의 이전의 음악으로 복귀하려는 것이다. 그러나 이것은 반드시 18세기 고전주의 양식의 복귀를 의미하지는 않는다. 기본적으로는 19세기 낭만주의 이전의 간결한 형식미를 추구하지만 예기치 않은 전조, 선율의 혼합, 그리고 강렬한 화성, 불협화음 등의 20세기 성향을 갖고 있다. 대표적인 작품들로는 스트라빈스키의 《풀치넬라》, 《피아노와 목관악기를 위한 협주곡》, 《시편 교향곡》, 힌데미트의 《피아노, 첼로, 바이올린, 비올라를 위한 4개의 협주곡 op.36》, 그리고 프로코피에프의 오페라 《3개의 오렌지에의 사랑》, 《피아노 협주곡》, 《고전 교향곡》 등이 있다.

## 12음주의 (Dodacaphonism)

쇤베르크가 종래의 조성음악에서 벗어나 철저한 무조성의 체계화를 시도하여 창조한 것이 12음기법이다. 지금까지의 전통음악의 음조직을 해체하고 12개의 음을 모두 평등한 가치로서 독립시켜 새로운 음의 표현을 시도한 것이다. 이 음악은 쇤베르크의 제자 베베른과 베르크가 계승했으며 제2차 대전 후에는 여러 나라에 보급되었다. 대표적인 곡으로는 쇤베르크의 《관현악을 위한 변주곡, op.31》, 오페라 《모세와 아론》, 베르크의 《바이올린, 피아노, 13개의 관악기를 위한 실내 합주곡》, 베베른의 《칸타타 No.1, op.29》 등이 있다.

한눈에 알아보는
음악의 역사

# 한국음악은
# 어떻게 발전했을까?

**제사에서 탄생한 고대의 음악**

서양음악이든 한국음악이든 그 음악의 기원에 대한 생각은 비슷할 것이다. 그중 많은 공감대를 얻고 있는 생각이 음악의 기원이 '제사'와 관련한다는 것이다. 우리나라의 옛 선조들은 특히 춤과 노래를 중요하게 생각했다. 춤과 노래로 하늘에 '제사' 하면 삶을 돌보는 신이 풍요함을 주리라 믿었기 때문이다.

자연에서 먹이를 사냥하던 수렵시대와 농사를 짓던 농경시대에는 노래와 춤이 중심이 되는 '굿' 을 벌여 평화로운 삶을 기원했다. 기원전 1세기경 북쪽에는 고구려, 남쪽에는 마한, 진한, 변한의 국가가 설립되어 각 나라마다 고유한 제천의례가 생겨났다. 고구려는 해마다 10월에 '동맹' 이라는 제천의례를 지냈고 부여에서는 정월에 죄인을 풀어주고 함께 술을 마시고 춤추는 '영고' 라는 의례가 있었다. 마한에서는 5월 파종과 10월 추수 때 제사를 지낸 후 모두 모여 춤과 노래를 즐겼다.

이처럼 일찍부터 노래와 춤을 중요하게 여겼던 전통이 지금까지도 우리 문화의 밑바탕이 되어오고 있다.


## 음악의 다양화, 삼국과 가야시대 음악

고구려, 백제, 신라, 가야는 각각 고대국가의 형태를 갖추고 조금씩 특색 있는 음악 문화를 만들어가기 시작했다. 이전에는 음악이 주술적이고 의식적(儀式的)인 것과 주로 연관되었지만 삼국시대에 와서는 음악의 쓰임새가 점차 세분화되고 다양해지는 경향을 보였다. 제정일치시대에서 왕권 중심의 시대로 변모하면서 음악이 국가의식에 쓰여 왕실의 위엄을 나타내는 역할을 하게 되었다. 기악연주에 노래와 춤을 곁들인 악무가 자리 잡혔으며, 각국 음악의 핵심은 현악기였는데 가야의 가야금이 신라로 전승되었고 고구려는 거문고를 중심으로 발전하였다.

불교의 전래와 함께 불교음악이 삼국에 소개되고 중국 서쪽지역의 음악문화가 실크로드를 거쳐 들어오게 되었다. 이전부터 전해온 향악의 전통과 더불어 국제 교류를 통해 동양음악 문화의 보편적 경향도 공유하게 되었다.


## 변화와 조화를 추구한 통일신라시대 음악

통일신라시대에는 전래의 신라음악이 백제, 고구려의 음악문화와 융합하고 중국 당나라의 음악과 불교문화를 동반한 중앙아시아·서남

아시아·동남아시아 등의 외래음악을 폭넓게 수용하여 변화와 조화의 음악을 추구했다. 서민들의 일상에서는 토속적인 나라굿과 마을축제를 중심으로 민속악이 이어졌고, 불교음악이 활발히 전파되었다. 또한 궁중에서는 외래음악의 영향력이 커져 '향악'이라 부르는 고유의 전통음악과 외국에서 들여와 정착시킨 '당악'이 공존하는 시기였다.

## 화려한 음악문화의 완성, 고려시대 음악

고려시대의 음악은 통일신라시대부터 내려오는 전통적인 향악과 더불어 새로운 형식의 중국음악을 적극적으로 받아들여 화려한 음악 문화를 이루어 냈다. 중국 당나라에서 당악을 들여온 이후, 새롭게 중국 송나라의 노래인 '사악(詞樂)'을 받아들였으며 유교의식 음악인 아악도 받아들였다. 중국에서 들여오는 음악들이 전래의 음악과 융합되어 새로운 스타일을 만들어 가는 시대였다.

## 다채로운 음악의 향연, 조선시대 음악

조선시대는 유교의 시대로 군주는 예(禮)와 악(樂)으로 백성들과 함께하려 했다. 세종 때에는 아악·당악·향악을 아우르는 신악(新樂)을 만들어 여러 의례에 고루 쓸 수 있도록 했다. 조선의 선비들은 유학에 열중하는 중에 음악으로 마음을 다스려 중용을 얻었고, 빠른 노래보다는 느린 노래가, 감정을 격렬하게 표현하는 것보다는 누그러뜨리는 음악을 좋은 음악이라 생각했다. 조선후기에는 가곡과 영산회상 등의 풍류곡에서 많은 변주곡들이 파생되었으며 가사와 시조 등의 새로운 갈래가 탄생하면서 중인층까지 풍류문화가 확산되었다.

임진왜란과 병자호란을 겪으며 판소리를 비롯한 서민 예술이 크게 발전했는데 음악적으로는 민속악과 정악적인 요소를 포함하고 줄거리는 유교윤리를 중요시하는 조선시대의 사회상을 반영했다.

외래음악인 당악과 아악 등을 우리 것으로 만들려고 노력하여 독자적인 조선의 음악 문화를 형성했다. 또한 서민문화에서 나온 민속악이 수준 높은 예술음악으로 승화되어 다채로운 한국음악 문화로 자리매김했다. 500년 동안 다듬어진 조선왕조의 음악은 지금도 우리 전통음악의 유산으로 물려받고 있다.

## 전통음악과 양악의 조화, 20세기 음악

19세기 말부터 기독교와 함께 들어온 서양식 찬송가, 서양식 군악, 학교교육의 창가를 비롯해 음반과 방송의 위력에 힘입어 서양음악이 빠른 속도로 문화의 중심이 되어 전통음악을 변방으로 밀어냈다. 과거의 궁중음악과 풍류음악, 민속악으로 제각기 고유한 문화를 이끌어가던 음악은 '전통음악' 이라는 이름으로 문화재로 보호되며, '음악' 이아닌 '국악' 이라는 특수한 범주로 분류되어 버렸다.

그러나 우리음악은 수많은 어려움 속에서도 서양음악을 창의적으로
수용해 뿌리 깊은 전통에서 새로운 싹을 틔우는 노력을 계속해 왔다.
국립음악원과 여러 전문음악교육과정, 문화재 제도 등을 통해 전통을
계승해 왔고 전통과 외래음악을 창조적으로 결합시킨 새로운 한국 음
악의 창작도 활발하게 이루어지고 있다.

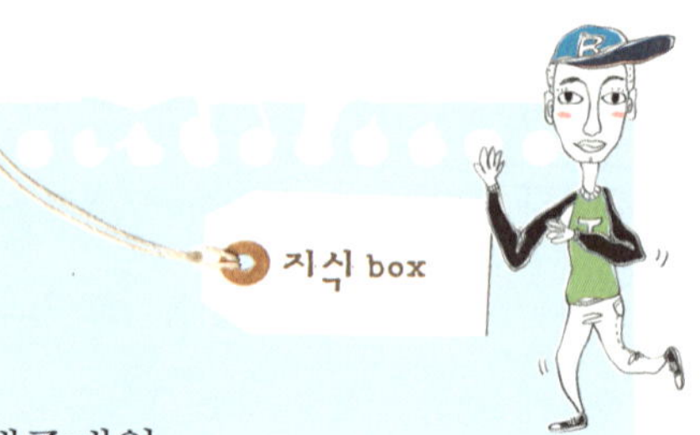


## 정간보(井間譜)를 창안한 세종대왕

세종은 음의 길이를 기보할 수 있는 유량악보(有量樂譜) 정간보를 창안해 음의 길이가 불규칙한 향악을 쉽게 기보할 수 있게 했다. 정간보를 이용해 제작한 보태평, 정대업을 포함한 520쪽에 달하는 분량의 악보가 〈세종실록〉에 모두 수록돼 있다.

정간보의 탄생은 세계 음악사에서도 주목받는 일이다. 서양에서는 유량악보가 12세기에 출현하여 15~16세기에 오늘날과 같은 기보법으로 완성되었다. 중국에서는 16세기경에, 일본에서는 18세기경에 사용되기 시작한 데 비하면 세종의 정간보 창안은 시대적으로 매우 앞선 성과이기 때문이다.

한눈에 알아보는
음악의 역사

# 가족 음악가로 알아보는 음악 이야기

정명화, 정경화, 정명훈. 일명 정트리오를 모르는 사람은 없을 것이다. 이들처럼 남매, 부부, 부자지간이 함께 음악의 길을 걷기도 한다. 함께 음악을 해나가는 동료이면서 경쟁자이기도 한 가족 음악가의 세계를 살펴보자.

### 동생의 빛에 가려진 파니 멘델스존, 멘델스존 남매

결혼식이 끝나면 어김없이 울려 퍼지는 《결혼행진곡》으로 유명한 멘델스존은 많은 사람들이 알고 있을 것이다. 하지만 멘델스존의 누나인 파니 멘델스존의 존재는 잘 모를 것이다.

평생 400곡이나 작성한 그녀였지만 여자는 작곡가로 성공하기 어렵다는 이유로 집안의 지원을 받지 못했다. 멘델스존은 누나의 몇 작품을 자기 것으로 발표하기도 했으나 사람들은 그 사실을 알고도 그녀에게 관심을 주지 않았다. 동생과 여자라는 그늘 아래 음악가의 빛을 발하지 못했지만 그녀는 19세기 가장 뛰어난 여성 음악자로 추앙받고 있다.

### 음악의 동반자, 슈만부부

독일의 대표적인 낭만주의 작곡가 슈만. 그는 피아노 스승인 비크의 딸 클라라를 사랑하게 되면서 인생의 전환점을 맞는다. 음악교사인 아버지 영향으로 클라라는 어린 시절부터 연주회를 다녔을 뿐만 아

니라 당시 총망받는 피아니스트였다. 당시 무명 작곡자였던 슈만은 비크의 반대를 무릅쓰고 클라라와 결혼하여 오직 그녀를 위해 음악을 만들었다. 그는 고질적인 정신병으로 힘든 말년을 보냈으며, 클라라도 청각장애와 류머티즘으로 고생하면서도 음악활동을 계속했다.

### 아버지보다 더 유명한 아들, 요한 슈트라우스 아버지와 아들

오스트리아의 대표적인 음악가 하면 요한 슈트라우스를 떠올릴 것이다. 아버지와 아들이 이름이 같아 보통 아버지와 아들 혹은 1세나 2세로 구분한다. 왈츠의 아버지라 불리는 요한 슈트라우스는 평생 251곡을 작곡했으며 그중 152곡이 왈츠였다고 한다. 아들 요한 슈트라우스는 왈츠의 황제라 불리며 자기 작품과 아버지 작품을 맘대로 연주하며 아버지가 만든 오케스트라의 라이벌이 되었으며 아버지보다 더 많은 사랑을 받았다.

# 앗! 세상에 이런 음악이!

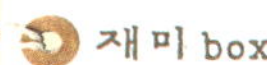

### 우연성음악

미국의 작곡가 존 케이지와 슈토크하우젠은 우연성 음악의 대표적 인물들이다. 존 케이지의 《상상적인 풍경화, op.4》는 12개의 라디오를 각각 다른 주파수에 맞춰놓고 두 사람의 연주자가 나와 주파수와 음량을 조절하는 것을 음악적 행위로 간주하였다.

1954년에 발표한 그의 작품 피아노곡 《4분 33초》에서는 피아니스트가 악기 앞에 앉은 채로 아무 연주도 하지 않는다. 시간이 갈수록 관중의 수군거림이 커지지만 연주자가 꼼짝도 하지 않자 차차 조용해진다. 관중의 소리가 점점 커지는 크레셴도와 점점 작아지는 디크레셴도가 끝나고 조용해지자 연주자는 피아노 뚜껑을 닫고 퇴장한다. 그 시간이 4분 33초이다. 4분 33초 동안 들리는 잡음이라든가 듣고 있는 자신의 숨소리, 심장의 고동소리 등이 모두 다 음악이라고 보는 것이 우연성음악의 논리이다.

### 구체음악

1948년에 프랑스의 파리 방송국에서 세페르가 처음 시도한 이후 1950년 파리에서 최초의 음악회를 가졌던 새로운 표현 방법이다. 이것은 악보에 음을 적는 대신에 소리

나 말을 직접 녹음했다. 문 닫는 소리, 자동차 소음, 병 따는 소리 등 현실에서 구체적으로 존재하고 있는 음향을 녹음하여 테이프에 담고 편집한다. 그리고 녹음한 것들을 서로 겹치거나 테이프의 회전 속도를 조절하는 등 여러 가지 방법으로 소리를 만들어 낸다. 이것을 미국에서는 테이프 레코더 음악(Tape Recorder Music)이라고 부르기도 하는데 이러한 구체음악이 후에 전자음악으로 발전되었다.

한눈에 알아보는
음악의 역사

# 교수님이 추천하는 음악학 관련 책

**〈쿠르트 아저씨와 함께하는 음악의 세계〉** 전 2권 | 쿠르트 팔렌 | 에코리브르

음악의 탄생부터 음악의 구성요소와 전 세계의 유명한 작곡가와 오페라의 세계, 그리고 음향재생에 관한 최근의 기술적 가능성까지 알려주며 음악에 대한 애정을 아이들과의 다정다감한 대화를 통해 알기 쉽게 풀어놓았다. 음악에서 오는 행복감을 마음껏 느낄 수 있게 하는 책이다. 초등학교 이상이면 쉽게 볼 수 있을 것이다.

**〈음악감상을 위하여〉** H. M. 밀러 | 태림출판사

이 책은 클래식음악을 이해하고자 하는 초심자나 클래식을 전공하고자 하는 학생들에게 권하고 싶다. 한국어 제목은 '음악감상을 위하여'이나 원제는 '음악에 대한 입문, 소개'라고 이해하면 좋겠다. 어렵지 않은 문체로 음악의 기초 요소와 특성, 악곡구조의 원리, 음악과 문학의 범주, 감상을 위한 접근법 등을 소개하면서 각 장의 마지막마다 추천작품이라고 해서 연관되는 클래식음악 곡목들을 소개하고 있다. 예를 들면 막연히 음악을 듣는 것보다 미리 형식에 대해 알아보고 들어보는 것도 음악의 형식미를 이해하기 위한 좋은 방법일 것이다.

**〈영화 속 클래식 이야기〉** 최영옥 | 우물이있는집

이 책은 다양한 영화에 등장하는 45편의 클래식음악에 대해 이야기하고 있다. 학생들이 영화를 통해서 클래식음악을 이해하고 또한 클래식음악을 통해

서도 영화를 이해한다는 측면에서 재미있게 읽어볼 수 있는 책이다. 음악이 주는 개인적, 사회적 기능에 대해서 쉽게 이해할 수 있으며 클래식음악을 너무 어렵지 않게 생각할 수도 있다. 또한 어떠한 영화나 장면에 이미 쓰인 곡을 떠올리고 사용하는 것도 좋지만 그 상황에 맞는 가장 적합한 곡을 창작하고 싶은 열정이 생겨서 관련된 직업에 대한 꿈을 갖고 준비하는 것도 기대해볼 수 있다. 위에 소개한 책 외에도 이해하기 쉽게 쓰인 서양음악사나 관심 있는 작곡가의 전기를 읽어보는 것이 음악을 이해하는 데 많은 도움이 될 것이다.

한눈에 알아보는
음악의 역사

## 한눈에 보는 시대별 작곡가

### 바로크시대

**비발디(이탈리아)** 기악음악에 큰 영향을 미쳤으며, 리듬과 화음을 새롭게 조합하고 악기들의 새로운 조화를 통해 '오케스트레이션'의 원리를 발명하였다. 대표작 《사계(四季)》에서 음색과 분위기에 따라 여러 악기들을 조화롭게 사용하는 방법을 보여준다.

**바흐(독일)** 튼튼한 구조의 새로운 음악적 체계, 대위법 음악의 완성자로 다성 음악의 최고봉을 이루었다. 음악의 아버지로 불리는 그가 지은 오르간 음악과 종교 음악은 특히 훌륭하다. 그의 위대한 걸작 중에는 《요한수난곡》, 《마태수난곡》 등이 있다.

**헨델(독일)** 음악의 어머니로 불리는 그는 아름다운 가락과 정리된 화성으로 감정적이고 극적인 음악을 작곡했다. 대표작으로 《메시아》, 모음곡 《수상음악》, 《왕궁의 불꽃놀이》등이 있다.

**파헬벨(독일)** 작곡가이자 오르간 연주자로, 코랄변주곡을 통한 변주기법과 단순하면서도 아름다운 화음의 묘사에 뛰어났다. 작품에 《음악에 의한 죽음을 생각한다》, 《음악의 기쁨》등이 있다.

### 고전주의시대

**하이든(오스트리아)** 자그마치 104편이나 되는 교향곡을 작곡해 교향곡의 아버지로 불리는 하이든은 관현악의 악기 편성을 체계화하였고 교향곡, 실내악, 소나타 등 고전 음악을 완성시키는 데 크게 공헌했다. 대표작으로 오라토리오 《천지창조》, 현악 4중주 《황제》, 《종달새》, 교향곡 《놀람》, 《고별》, 《시계》, 《군대》 등이 있다.

**모차르트(오스트리아)** 그는 오페라, 교향곡, 실내악, 협주곡에 이르기까지 770여 곡
의 작품을 남겼다. 50개가 넘는 협주곡이 있으며 대표작으로 오페라 《피가로의 결
혼》, 《마적》, 《돈 조반니》 등과 교향곡 《주피터》 등이 있다.

**베토벤(독일)** 베토벤은 고전파 음악을 가장 높은 경지에 올려놓았으며, 낭만파 음악
의 길을 열어 19세기 이후의 음악에 큰 영향을 미쳤다. 그의 천재성은 수많은 작품
으로 탄생하게 되었다. 대표작으로 교향곡 《영웅》, 《운명》, 《전원》, 《합창》, 피아노 소
나타 《비창》, 《열정》, 《월광》, 피아노 협주곡 《황제》, 오페라 《피델리오》 등이 있다.

낭만주의시대

**베버(독일)** 낭만파 음악의 개척자로 극음악에 크게 공헌하였다. 낭만적 오페라를 완
성했으며, 본격적으로 지휘봉을 사용해 근대 지휘법의 기초를 만들었고, 표제음악
의 싹을 틔웠다는 것이다. 대표작으로 오페라 《마탄의 사수》, 《무도회의 권유》 등이
있다.

**슈베르트(오스트리아)** 600곡이 넘는 가곡을 작곡해 가곡의 왕이라 불리는 슈베르
트는 시와 선율, 그리고 반주가 일체된 예술성이 풍부한 가곡을 작곡하였다. 대표작
으로 가곡집 《겨울 나그네》, 《아름다운 물방앗간 아가씨》, 교향곡 《미완성》, 피아노 5
중주곡 《송어》 등이 있다.

**멘델스존(독일)** 멘델스존은 피아노곡 무언가의 창
시자이며, 그의 작품은 밝고 아름다운 기풍이 넘친
다. 바흐의 《마태수난곡》을 세상에 소개해 바흐
를 재발견하게 했으며 베토벤, 모차르트, 슈베
르트의 숨겨진 명곡들을 빛을 보게 했다. 대
표작으로, 《바이올린 협주곡
마단조》, 극음악 《한여름 밤의 꿈》, 오라토
리오 《엘리야》 등이 있다.

**베를리오즈(프랑스)** 프랑스의 유일한 교향곡 작곡가로 표제음악이라는 새로운 관현악곡 스타일을 창시하여 낭만주의 음악의 발전을 선도했다. 그는 음악과 문학의 결합에 대하여 관심을 가져왔고 《환상교향곡》과 더불어 그의 새로운 관현악법은 이후의 많은 작곡가에게 큰 영향을 끼쳤다.

**바그너(독일)** 자신의 악극을 상연할 극장 건립을 추진하여, 바이에른의 소도시 바이로이트에 극장을 완성시켰으며, 개관기념으로 대규모의 악극 《니벨룽겐의 반지》 전곡을 상연했다. 바그너는 거대한 규모의 악극을 여러 편 남겼는데, 이상적인 악극을 만들기 위해 그는 이 모든 악극의 대본을 손수 쓴 것으로도 유명하다.

DREAM COME TRUE!!
Wolfgang Amadeus Mozart!
Ludwig van Beethoven!
Schubert, Franz Peter
Chaikovskii, Pyotr Ilich

미리 체험하는
생생한
음악 전공 이야기

# 음악학도를 위한 친절한 안내서

음악대학에서 실제로 무엇을 배우는지 앞에서 살펴보았다. 이번 장에서는 조금 더 자세하게 살펴보도록 하자.

음악대학에서는 성악, 관현악, 피아노, 작곡, 국악, 실용음악을 전공할 수 있다. 각 전공에서는 무엇을 공부하게 될까? 음악을 전공하는 학생들은 전공실기, 부전공실기, 시창, 청음, 화성법과 건반 화성, 대위법 등의 전공필수 과목을 배우게 된다.

전공실기는 자신이 전공하는 내용을 해당 전공 교수에게 일대일로 레슨 받는 수업이다. 4년 동안 학기 중 일주일에 한 번 수업을 받는다. 학기마다 실기시험 과제곡이 있으므로 과제곡을 중심으로 스스로 연습해서 레슨을 받는다. 또한 학기마다 무대 경험을 할 수 있는 향상음악회에서 발표할 곡도 준비해야 한다. 개인적인 능력에 따라 외부에서 열리는 콩쿠르에 도전할 수도 있다. 또한 부전공으로 선택한 악기 레슨을 받는 부전공실기 수업도 마련되어 있다. 성악이나 작곡, 관현

미리 체험하는
생생한 음악 전공 이야기

악 전공생은 주로 피아노를 부전공으로 택하며 피아노 전공생은 보통 다른 악기 하나를 부전공으로 택한다.

음악 전공생들은 시창, 청음 수업을 통해 선율, 리듬, 화음을 정확히 듣고 올바르게 부르는 훈련을 하게 된다. 음악 전공의 기초가 되는 수업으로 예술중학교나 예술고등학교에서도 그 기초를 배우지만 대학에서도 다시 배워야 한다. 시창은 코오뤼붕겐이나 단호이저 등의 악보를 보고 노래하는 것이며, 청음은 피아노 선율이나 화성을 듣고 악보로 받아 적는 것을 말한다. 기초적 단계에서 점차 고급단계로 옮겨가는데, 장·단조의 선율에서 시작하여 가까운 조성으로 전조되는 선율, 단순한 리듬에서 점차 복잡한 리듬, 그리고 음정 등을 부르고 들을 수 있는 능력을 배양한다.

화성법과 건반 화성은 음악의 3요소 중 하나인 화성의 구성에 대해 배우는 과목으로 화음의 이름과 성격, 화성의 진행 규칙을 배운다. 또한 숫자저음에 따른 4성부 배치, 화성분석 등 조성음악의 기본적 화성어법들을 학습할 수 있다. 또한 그것을 악보를 통해 서만 아니라 피아노로도 자유롭게 연주하는 능력을 키울 수 있다.

또한 바로크시대 음악의 특징 인 폴리포니(다성음악)의 작곡기법을 알아보 며 그 당시의 형식을 배우는 대위법 수 업을 통해 모방적 짜임새(카논, 푸가)

등 그 당시의 선율이나 화성의 진행 규칙을 배울 수 있다. 16세기에서 18세기에 이르는 대위법(對位法)을 연구, 분석해 바로크시대 작품의 이해력을 높이고 실제로 응용할 수 있다.

실기 수업뿐만 아니라 음악의 역사를 알아보는 것도 중요하다. 서양 음악의 역사를 배우는 서양음악사 수업을 통해 음악의 생성기에서부터 현대의 음악에 이르기까지 시대별 특징과 음악적 특징을 연결시켜 배운다. 학생들은 그 시대의 작곡가와 작품들의 특징에 대해 알아보고 그 시대의 음악을 들어볼 수 있다.

미리 체험하는
생생한 음악 전공 이야기

# 음악 전공자를 위한 간단한 팁

음악은 많은 전공과목으로 나눌 수 있는데 무엇을 전공하든지 간에 일단 전공으로 선택하면 게을리 하지 않고 열심히 노력해야 한다. 개인마다 유난히 관심이 가고 끌리는 분야가 있을 것이다. 특히 악기는 자신에게 잘 맞는 소리에 매력을 느끼게 된다. 물론 악기를 배우는 데 특별히 갖추어야 할 신체적 특성이 있을 수도 있다.

또한 좋은 선생님을 만나 기초를 정확하게 잡는 것이 무엇보다 중요하며 고도의 기술과 예술성을 겸비하기 위해서는 피나는 노력이 뒤따라야 한다.

음악 전공자는 예술고등학교가 아니면 일반적으로 문과를 선택하는데, 학교 공부도 열심히 해서 내신이 좋으면 경쟁에서 더욱 유리하다. 또한 철학 등의 인문학과 과학에 대한 폭넓은 지식을 쌓을수록 음악적 해석 능력 또한 자랄 수 있기 때문이기도 하다.

음악 전공생들의 일부분은 어려서 외국으로 가게 되거나 대학졸업 후 외국으로 유학을 떠나게 된다. 서양음악의 본고장에서 그 음악의 본질에 접하며 그들의 삶에서 풍기는 음악의 분위기를 체험하고 더욱 수준 높은 교육을 받기 위해서이다.

대부분 미국의 줄리아드, 인디애나, 커티스, 피바디, 맨하튼 등의 대학, 독일의 베를린, 데트몰트, 프라이부르크, 하노버 등의 대학, 프랑스의 국립음악원, 에꼴노르말 등의 대학 등을 선호하며 특히 성악은 이태리로 유학 가는 학생들이 많다.

# 제2의 조수미를 꿈꾸는 성악



성악은 좋은 목소리를 갖고 있다면 기악에 비해 상당히 짧은 시간에 입시를 치를 정도의 실력을 갖출 수 있다. 변성기가 지난 후 중3에서 고1 즈음에 시작하는 사람이 많고 가끔은 고3 때 시작하기도 한다. 좋은 선생님에게 배우는 것이 무엇보다 중요한데 발성법과 호흡법을 잘 배워두어야 좋은 테크닉과 예술성을 지닌 성악가가 될 수 있다. 또한 피아노를 칠 줄 아는 것은 여러 가지로 도움이 된다.

성악 전공생는 대학에서 각자의 성별, 음역, 음성, 개성에 따라 성악가로서의 기량을 쌓을 수 있다. 딕션, 문헌, 오페라클래스 등의 교과목을 이수하여 풍부한 음악성과 함께 성악가로서 반드시 갖추어야 할 전문지식을 습득한다. 또한 음악을 만들어 가는 전반적인 능력도 함께 기

르기 위하여 합창과 성악앙상블을, 피아노 실기능력 향상을 위하여 클래스피아노를 필수과목으로 배운다. 교과목 이수와 함께 합창발표회, 독창회, 오페라 공연 등 다채로운 활동을 통하여 음악에 대한 폭넓은 이해와 관심을 증진시켜 실력 있는 성악가로 성장할 수 있다.

성악 전공은 무엇을 배우는지 자세히 알아보자. 성악 전공을 하면 가장 먼저 이태리 가곡을 접하며 독일 가곡과 프랑스나 미국의 작품들도 공부하게 된다. 따라서 각 나라의 가사를 유창하게 발음하기 위해 딕션을 배우게 된다. 이 수업을 통해 학생들은 발음의 규칙과 문법을 체계적으로 공부하여 이해력과 표현력을 높일 수 있다. 가사의 의미를 잘 파악해야 노래의 분위기를 잘 표현할 수 있으므로 성악 전공자에게 딕션 수업은 필수적이라 할 수 있다.

또한 말소리가 어떻게 만들어지는지(조음음성학), 어떤 음향적 특성이 있는지(음향음성학), 언어에서 어떻게 조직되는지(언어음성학)를 연구하는 학문인 음성학을 배우게 된다. 음성학은 우리 몸의 발성기관의 구조와 작용, 공명과 노래를 위한 음성의 훈련과 교정 원리를 배우는 수업으로 발성이나 가사를 전달하는 데 무엇보다 필요한 기초적인 수업이다. 성악 전공자는 자신의 독창과 더불어 반드시 합창 수업을 해야 한다. 다른 사람과 어울리는 소리를 만들어 내는 훈련이 필요하기 때문이다. 다른 사람의 소리에 귀를 기울여 나의 소리와 맞춰나가고 일정한 박자에 맞추어 음악의 흐름을 느끼는 훈련을 할 수 있다. 성악 전공자는 교회 찬양대 등에서 솔리스트나 지휘자로 많이 활동한다. 발성을 지도하거나 곡을 해석하고 만들어 내는 능력을 키워주는 합창지휘법 수업은 합창단이나 찬양대를 이끌어 나갈 때 성악전공자로서의 역량을 발휘할 수 있도록 도와준다.

오페라앙상블, 오페라워크숍은 오페라의 종합 예술적인 다양한 특성을 연구하여 전문인으로 성장할 수 있게 하는 수업이다. 오페라의 개념을 익히고 각 작품의 시대적 배경과 의상, 무대, 조명, 분장 등을 분석 연구하며 액션에 필요한 발레, 연기 등을 연마하여 오페라 출연을 준비할 수 있다. 시대별 오페라에서 주요 장면을 뽑아 배역을 정하고 직접 구성해 보며 피아노 반주로 오페라 아리아나 합창 등을 연습한 후 무대장치와 의상을 갖추고 직접 공연하는 수준까지 발전할 수 있다.

마지막으로 현대가곡문헌은 현대의 여러 나라의 가곡에 대해 알아보고 공부하는 수업이다. 주로 고전은 이

## 숫자 붙은 베이스(통주저음)

르네상스가 이상으로 여겼던 기본적인 음향은 독립된 여러 성부들이 이루는 다성음악이었다. 그러나 바로크의 이상적인 음악은 튼튼한 베이스 위에 흐르는 선율이 붙은 것으로써, 베이스와 자연스러운 화성을 이루었다.

이렇게 베이스를 강조한 형태를 통주저음(Through bass) 또는 지속저음(Basso continuo)이라 불렀다. 또한 베이스 음표 아래나 위에 화성의 성격을 숫자나 기호로 지시하기 때문에 숫자 붙은 베이스(Figured Bass)라고도 한다. 따라서 이 지속저음은 음악이 대위법에서 화성음악으로, 선적 선율 구조에서 화성적 구조로 넘어가는 다리 역할을 했다.

태리나 독일의 가곡을 공부하지만 현대 곡으로 우리나라, 영국, 미국, 프랑스 등의 가곡을 연구, 분석하고 발달과정과 특징을 파악하여 실제 연주를 통해 그것들의 연주방식을 익힐 수 있다.

# 꿈을 이룬 오페라 가수, 폴 포츠

2007년 영국의 노래 경연 프로그램 '브리튼즈 갓 탤런트(Britains Got Talent)' 예선 무대에 휴대전화 판매원 폴 포츠가 참가했다. 푸치니의 오페라《투란도트》중 아리아 '공주는 잠 못 이루고'를 준비했다는 폴 포츠의 말에 까다롭기로 소문난 심사위원들은 별 기대를 하지 않았다. 하지만 폴 포츠의 노래가 시작되자 상황은 역전되었다. 관중의 환호가 이어졌고 심사위원들은 그의 노래에 감동하였다. 심사위원들이 만장일치로 폴 포츠를 통과시켰고 관중은 감격의 눈물과 환호로 그의 노래에 공감했다. 그 장면은 곧 인터넷으로 퍼져 세계 각국의 모든 이들을 감동시켰으며 그들 자신의 꿈에 대해 다시 한 번 생각해 볼 기회를 주었다. 어려서 친구들에게 따돌림당하던 폴 포츠는 외로울 때면 노래를 불렀다고 한다. 오페라 가수의 꿈을 키우던 중 병으로 인해 한때 좌절했지만 휴대전화 판매원으로 일하는 지금도 노래는 그의 기쁨이자 삶의 이유였다고 한다.

여러분도 작은 석탄 조각 하나를 발견하는 놀라운 기쁨을 누릴 수 있기를 바란다. 석탄이 다이아몬드가 될 수 있다는 믿음을 가지고 그 석탄이 다이아몬드가 되기까지의 과정을 견디고 참아, 결국 나의 꿈이 이루어졌노라고 말할 수 있으면 좋겠다. 그래서 다른 모양의 석탄 조각을 가진 또 다른 사람이 자신의 꿈에 대해 생각해 보고 그 꿈을 이룰 수 있다는 자신감을 가질 수 있도록 도와주는 그런 사람이 되었으면 좋겠다.

# 나삼치 군, 훈남으로 거듭나다!
# 음치, 박치, 리듬치 탈출법 대공개

친구들과 기분 전환으로 놀러간 노래방. 노래를 잘 부르는 친구들을 바라보며 구석에서 탬버린만 신나게 흔들고 있는 나삼치 군. 어느 하나 빠지지 않는 나삼치 군이지만 정작 치명적인 단점이 있었으니, 그건 바로 음악에 제로 유전자를 가진 것이다.

그렇다고 나삼치 군이 음악을 싫어하는 것은 아니다. 공부할 때나, 운동할 때나 항상 음악을 벗 삼아 생활한다. 하지만 정작 노래를 할 때면 친구들은 웃거나 도망가기 바쁘다. 코앞에 닥친 음악 실기시험 때문에 밤마다 잠을 설치며 심한 멀미를 하고 있는 나삼치 군! 그를 위해 준비했다.

**나삼치 군을 위한 음악을 잘하는 방법 대공개!**

네이버 백과사전에 따르면 음치란 운동적 음치와 감각적 음치로 나눌 수 있는데 운동적 음치는 재생하는 능력, 즉 인식한 음을 소리 또는 악기로 재현하지 못하는 것을 말한다. 반면 감각적 음치는 음을 정확하게 인식할 수 없기 때문에 정상의 재생능력을 가지고 있어도 재생된 음이 원래의 음과는 다르게 되며, 그 차이를 스스로 알지 못한다.

전문가들의 견해에 따르면 우리나라에서 음치 소리를 듣는 사람 가운데 치료가 불가능한 불치는 10% 미만이며, 90%에 해당하는 나머지 후천성 음치는 노력만 하면 충분히 개선될 수 있다고 한다. 음치는 몸의 기능적 이상이 아니라 복근이나 성대, 공명강, 이해력 있는 청력 등 소리를 내기 위한 몸의 기능

을 잘못 사용하여 비롯되므로 이해와 훈련을 통해 상태를 개선시키면 치료가 가능하다.

음치클리닉에 가면 양동이를 뒤집어쓰고 큰 소리로 노래하게 한다는 얘기를 들은 적이 있다. 자신의 목소리를 자신의 귀로 정확하게 듣게 하기 위해서라고 한다. 피아노로 한 음 한 음 누르며 정확한 음을 따라서 노래하는 것도 도움이 된다. 음치, 박치, 리듬치 탈출을 위한 처방 몇 가지!

1. 노래(단순한 노래, 동요 등)를 많이 듣고 정확한 음으로 따라 하기
2. 자신의 목소리를 녹음해서 들어보기
3. 복식호흡과 소리 내는 발성법 배우기
4. 소리를 자주 지르기(고음에 대한 두려움 없애기)
5. 거울 보면서 연습하기
6. 악보 보면서 정확한 음을 기억하기
7. 노래 들으면서 박자 맞춰 걷기
8. 노래 들으며 리듬 타며 춤추기

무엇보다 가장 중요한 것은 자신감! 음치는 반드시 치료될 수 있다는 자신감을 가지고 음치탈출에 도전해 보자. 파이팅!

# 감성과 열정의 만남, 작곡



작곡을 전공하려면 음악적 감수성이 풍부하고 사물이나 자연에 대한 느낌이 뛰어나 이를 음악으로 표현하려는 열정이 있어야 한다. 기본적으로 피아노 연주가 어느 정도 가능해야 하고 화성진행을 피아노로 눌러보는 건반화성도 익숙해야 한다. 선율이나 화음의 청음능력이 뛰어나면 더욱 유리하며 정형화된 작곡기법도 상당 기간 익혀야 한다. 피아노를 전공하려다가 손의 조건이나 테크닉적인 문제 때문에 작곡 전공으로 바꾸기도 한다.

작곡 전공생은 서양과 우리나라의 다양한 음악어법과 이론을 배우고 연구하며 지속적인 창작연습을 통하여 작곡가에게 필요한 작가적 사고와 기술을 습득하고 연마한다. 또한 여러 가지 직종에 적응할 수 있

도록 실용음악, 영상음악, 무용음악, 컴퓨터음악 등 다양한 음악훈련을 병행한다. 창작의 재능과 함께 독보력, 기보력, 한 가지 이상의 악기를 일정 수준 연주할 수 있는 능력을 갖추도록 한다. 물론 창작발표회에 참가해 작품발표를 통해 경험을 축적하는 것도 좋다.

자, 그럼 작곡 전공은 무엇을 배우는지 알아볼까? 먼저 작곡 전공생은 악기론을 배운다. 악기론은 악기의 구조적 기능, 성능, 역할, 문헌 등의 특성에 관해 배우는 수업으로 이론과 실제를 통하여 음향학, 악기의 특성, 음악사 등을 바탕으로 한 악기개발을 위한 창의성도 기를 수 있다.

현대음악의 작곡 기법이나 기초 이론을 배우는 현대음악이론은 현대의 음악을 작곡하기 위해 필요한 수업이다. 또한 관현악 편성에 사용하는 각 악기의 음역과 특성, 기능 등을 연구하며, 기법과 편성법, 연주의 특성 등을 연구하는 관현악법 수업도 마련되어 있다.

작곡 전공생은 푸가연습을 통해 시대의 특징인 대위법 음악의 푸가 기법에 대해 그 기초와 규칙을 배우고 곡을 써볼 수 있다. 푸가연습은 대위법에서 공부한 바흐의 2성과 3성 인벤션(바흐가 아들의 피아노 교육을 위해 만든 교본)을 복습하는 것으로 시작하여 3성과 4성 푸가의 조성구조와 형식적 절차 등을 공부한다.

또한 한국음악의 역사와 이론을 배우는 국악개론을 통해 국악의 역사, 분류, 양식부터 기보법, 음계, 장단,

형식, 악기에 이르기까지 국악의 이론과 실제에 대해 종합적이며 개괄적으로 배울 수 있다.

작곡 전공생은 전자음악 수업을 통해 컴퓨터를 사용한 음악 노테이션 소프트웨어(Notation software)의 활용법과 새로운 기보 양식을 배울 수 있다. 또한 구체음악으로부터 시작하여 컴퓨터를 사용하게 된 전자음악의 역사와 그 문헌을 배우며, 구체음악 만들기 실습으로 본격적인 전자음악을 작곡해 볼 수 있다. 나아가서 1980년 이후 새로이 성행한 컴퓨터 음악과 악기와 함께하는 전자음악 작품들을 분석하고, 라이브 일렉트로닉 뮤직(Live electronic music)을 위해 기본적인 컴퓨터 프로그래밍과 본격적인 작품을 제작한다.

작곡을 공부하기 위해서는 여러 가지 악기에 대해 알아야 한다. 선택 과목으로 학생들은 바이올린, 첼로, 플루트, 타악기 등 한 가지 악기를 선택해서 배워야 한다. 관현악과나 성악과의 부전공과 비슷한 개념이지만, 작곡을 위해서 특별히 관심 있는 악기를 집중적으로 배울 수 있다.

지휘의 기초적인 이론과 실기를 통하여 악곡의 바른 이해를 돕고 합창, 합주, 운영능력과 통솔력을 기를 수 있는 지휘법도 마련되어 있다. 오케스트라 악보를 스코어(score, 총보)라고 하는데 여러 가지 악기의

성부(part)가 있어 많은 훈련을 거쳐야 편하게 총보를 볼 수 있기 때문에 총보를 보고 피아노로 연주하는 훈련을 하는 총보독법 수업은 지휘를 하기 위해 꼭 필요하다.

마지막으로 작곡 전공생들은 20세기 음악에 대해 배울 수 있다. 19세기말 이후 현대음악에서 나타나는 다양한 현상들의 취지와 배경 및 의미를 역사적, 사회문화적, 미학적 관점에서 찾아볼 수 있다. 특히 전음열주의, 음계들, 선법, 음열, 다조성, 그리고 자유로운 반음계주의와 무조성음악 등을 연구해 본다. 구체적으로 1950년 이전의 쇤베르크, 베르크, 베베른 중심의 독일 표현주의 작곡가들의 작품과 아이브스, 카우얼, 코플랜드, 바레즈 등의 20세기 초반의 미국 현대음악 작곡가들의 작품들을 다룬다. 또한 1950년 이후부터 1970년대까지의 다양한 실험과 사조, 특히 음열기법의 변화, 우연성음악, 조성음악의 부활 등을 불레즈, 스톡하우젠, 배빗, 케이지 등의 음악을 통해 배운다.

## 베토벤은 어디 있소?

베토벤의 32개 피아노소나타와 5개의 피아노협주곡 전곡을 녹음한 피아니스트 아르투르 슈나벨을 독주자로 맞은 괴짜 지휘자 오토 클렘페러가 미국에서 협주곡 5번 《황제》의 리허설을 할 때였다. 피아노에 앉아 연주하던 슈나벨이 오케스트라에게 좀 더 빠른 템포로 연주해 달라는 신호를 보냈다. 그러자 그는 즉시 지휘를 중단하고 "지휘자는 여기 있소. 클렘페러가 여기 있단 말이오." 하고 말했다. "그래요, 당신은 여기 있어요. 나도 여기 있고요. 그런데 베토벤은 어디 있소?" 하는 슈나벨의 반격에 괴팍한 대지휘자는 아무 대꾸도 하지 못했다고 한다.

연주자는 작곡자의 작곡 의도를 헤아리기 위해 많은 노력을 해야 한다. 당시의 음악적 양식을 알아야 하며 그 작곡가의 작곡기법도 파악하고 있어야 한다. 무엇보다 작곡자가 그 곡을 작곡할 당시의 생활이나 사회상, 그리고 내면의 상태까지도 연구한다면 작곡자의 의도를 많은 부분 정확하게 표현할 수 있을 것이다.

하지만 같은 곡이라 할지라도 연주자에 따라 다른 느낌으로 다가오는 것은 그 곡에 연주자의 마음이 더해졌기 때문이리라.

미리 체험하는
생생한 음악 전공 이야기

# 악기로 만나는 세상, 기악

**기악을 전공하기 위해서는** 대체로 많은 연습을 해야 한다. 피아노를 연주하기 위해서는 아주 어린 나이(10세 이전)에 손가락의 스피드에 익숙해져야 하며 그즈음에 전공 여부를 결정하는 것이 좋다. 현악기를 연주할 때는 스스로 음을 만들어야 하기 때문에 예민하고 정확한 귀가 필요하며 많은 연습을 해야 한다. 관악기 전공의 경우 피아노나 현악기에 비해 늦게 시작해도 되지만 높은 수준에 오르기 위해서 피나는 훈련이 필요한 것은 마찬가지다.

기악 전공생은 선천적 재능과 함께 세련된 음악성과 연주기교를 갖추기 위해 독주, 반주, 실내악, 관현악 영역에서 개인별 전공실기 수업과 전공악기별 워크숍을 통하여 연주기법과 예술적 표현능력을 발전시킨다. 교내외에서 다양한 연주경험을 축적하여 연주 기량 향상에 중점을 두는 것과 함께 전공 분야의 문헌과 음악 전반에 관한 지식, 나아가 예술 전반에 대한 폭넓은 이해를 지닌 균형 잡힌 예술가로 성장해야 한다.

특히 오르간 전공은 교회음악과 밀접한 관계가 있어 주로 교회음악과 내에 개설되어 있으며 이화여대에는 건반악기 전공 내에 피아노 전공과 오르간 전공이 있다. 교회 음악인으로서 자질을 키우기 위해서 교회음악 이론과 문헌에 관해서도 배울 수 있다.

기악 전공은 관현악 전공과 피아노 전공으로 나뉜다.

## 관현악 전공

**과목 알아보기**
관현악, 관현악 문헌, 관현악곡의 이해, 실내악, 음악분석, 지휘법, 총보독법, 오케스트라 스터디

관현악 전공생들은 관현악, 관현악 문헌, 관현악곡의 이해를 통해 관현악작품들을 시대와 작곡가별로 연구하여 관현악곡에 대한 해석력을 기를 수 있다.

피아노트리오, 현악4중주, 목관5중주, 금관5중주 등을 주로 하는 실내악 수업을 통해 실내악의 다양한 편성과 특징을 살려 음악의 해석력을 높이고 음악적 경험의 폭도 넓힐 수 있다. 또한 음악이 어떻게 만들어졌는지, 전반적인 음악작품의 구조는 어떤지에 대해 학습하는 음악분석도 마련되어 있다. 학생들은 음악분석을 공부하면서 악곡의 분석과정과 각 시대별 음악의 양식적 특징을 통해 음악연주와 음악감상

에 도움을 받을 수 있다. 관현악 전공생들은 지휘의 기초적인 이론과 실기를 통하여 악곡의 바른 이해를 돕고 합창, 합주의 운영 능력과 통솔력을 기를 수 있는 지휘법도 공부할 수 있다. 오케스트라 스터디와 관련된 과목인 총보독법은 교향악 지휘를 위해 악보(스코어)를 읽고 연주하고 해석하는 수업이다.

시창청음 수업에서 선율을 인지하는 능력을 키운다면, 총보독법 수업은 지휘법이나 연주실습 과목처럼 음악을 실제로 만들고 연주하는 능력을 길러준다.

마지막으로 관현악 전공생은 오케스트라 스터디를 통해 교향악에서 관악기와 현악기의 특징적 성격을 고도의 정확도로 연주할 수 있도록 전문적으로 실습하여 교향악단 단원으로서 활동할 수 있는 기본능력을 배양할 수 있다.

## 피아노 전공

### 과목 알아보기
피아노 교수법, 피아노 문헌, 지휘법, 리트반주, 실내악, 컴퓨터음악

피아노 전공생은 피아노 교수법을 통해 피아노 학습과 교습에 필요한 연주와 해석능력, 그리고 그것을 배우는 이에게 전달할 수 있는 교육적 기술을 배울 수 있다. 피아노 교수법은 다양한 교재들의 난이도와

가르치는 방법을 실습하여 피아노 교사로서의 지도자적 자질을 키워 나갈 수 있도록 하는 데 목적이 있다.

피아노를 위한 작품들을 시대와 작곡가별로 연구하여 피아노곡에 대한 해석력을 기르기 위한 피아노 문헌도 마련되어 있는데 이론과 더불어 시대별, 작곡가별 작품을 감상하여 그 음악의 특징을 귀로 익히며 배울 수 있다. 또한 피아노 전공생은 지휘의 기초적인 이론과 실기를 통하여 악곡의 바른 이해를 돕고 합창, 합주의 운영능력과 통솔력을 기를 수 있는 지휘법도 공부할 수 있다.

또한 리트반주를 공부할 수 있는데, 성악곡(독일 가곡, 이태리 가곡, 오페라 등)들을 중심으로 단순한 보조역할의 반주가 아닌 음악과 시(가사)의 관계를 먼저 연구하며, 음악적으로 이해 · 분석하는 능력을 키우고자 마스터 클래스(Master Class) 형식의 수업을 통해 반주의 연주경험을 넓힘으로써 학생들은 폭넓은 연주자의 면모를 갖출 수 있다.

관현악 전공생들은 실내악을 통해 실내악의 다양한 편성과 특징을 살려 실기를 통한 음악의 해석력을 높일 수 있다. 보통 피아노가 들어가는 편성인 피아노트리오, 피아노4중주, 피아노5중주 등으로 구성한다. 또한 예전에는 일일이 손으로 악보를 그렸지만 컴퓨터를 사용하면 더욱 손쉽게 악보를 그리고 들어볼 수 있기 때문에 컴퓨터음악은 꼭 배워야 한다. 컴퓨터를 사용한 음악 노테이션 소프트웨어의 활용법과 새로운 기보 양식을 배울 수 있다. 피날레나 시벨리우스 등의 프로그램을 이용하면 악보를 편하게 그릴 수 있다.

## 피아노 교수법의 등장

1998년 우리나라 최초로 경원대학교 일반대학원에 피아노페다고지 전공이 신설되었다. 이후 10년 동안 한국 피아노교육의 취약점을 개선하고 선진국의 음악 교육 철학과 음악적 본질에 근거한 피아노 교수법을 연구해 오고 있다.

대부분의 피아노 전공자들이 졸업해서 아이들을 가르치고 있지만 다양한 교육철학과 교수법에 대한 연구가 부족한 가운데 대부분 자신의 선생님에게서 배운 방식 그대로 학생들을 지도하고 있다.

그러나 자신의 연주와 이를 다른 이에게 전달하는 것은 많은 연구와 실습이 필요하다는 생각을 차차 하게 되었고 재학생과 졸업생들의 피아노 교수법에 대한 관심이 높아지고 있다. 이에 따라 대학의 평생교육원에서 피아노교사를 재교육하는 프로그램 역시 활성화되고 있으며 사회교육기관이나 피아노교재 출판사의 세미나 등도 많은 관심을 불러일으키고 있다.

피아노 교수법은 경원대, 상명대, 세종대, 숙명여대, 이화여대, 한세대 등에서 배울 수 있다.

# 한국의 피아니스트를 만나다

### 피아노 역사의 산 증인, 정진우 교수

정진우 교수는 지난 50여 년을 피아노 연주와 교육계에 몸담으며 한국의 수많은 피아니스트와 피아노 교수들을 길러낸 피아노계의 거목이다.

의대에서 공부를 하고 의사로 일하던 중 한국동란에 참전해 다리 부상을 당한 후 인생에 대한 많은 고뇌를 거쳐 본인이 진정으로 가고 싶어 했던 음악인의 길을 선택했다. 그는 의사가 환자를 돌보듯 제자들에게 피아니스트로서의 정상적인 길을 제시하고 이끌어 주었다.

얼마전 80회 생신을 맞아 70여 명의 제자들과 한 무대에 서는 감동적인 연주회를 기획해서 많은 관심을 끌기도 했다.

또한 그는 〈피아노 음악〉이라는 잡지를 발행해 피아노와 관련된 지식과 정보를 제공하는 것은 물론, 우리의 음악인과 음악계의 동향을 세계에 알리고 세계의 음악인을 우리나라에 소개하는 등 피아노 역사의 산 증인으로서 연주와 교육, 출판과 경영을 아우르는 생을 살고 있다.

### 여류 피아니스트, 신수정 교수

천재소녀라는 소리를 들으며 피아니스트로 활동하던 신수정은 국내외의 국제 콩쿠르 심사위원으로도 활약하던 중 서울대학교 음악대학의 초대 여성학장으로 일하며 음악교육가로도 헌신하였다.

대부분의 음악가들은 연륜과 세월을 통해 연주, 교육, 음악경영과 행정의 일을 함께 수행하게 된다. 신수정 교수도 최근에는 연주홀을 운영하며 후배 연주자들에게 좋은 연주회장을 제공하고 있다.

### 국악 퓨전의 대가, 피아니스트 임동창

대한민국이 낳은 세계적인 음악가 임동창. 피아니스트이자 작곡가인 그는 음악을 공부하는 학생들에게 '네 안에 잠든 사랑과 열정을 깨워라! 그리고 노래하라!'라고 역설한다. 그는 테크닉을 연마하기 위한 기계적인 연습은 무의미하며 자신의 내면에 잠들어 있는 사랑과 열정을 일깨우는 것이야말로 진정한 음악가가 되기 위한 필요조건이라고 말한다.

임동창은 중학생 시절 지독한 병을 앓고 피아노와 인연을 맺었다. 피아노와 작곡을 독학하며 고민과 번뇌를 거듭했고 출가하기까지 했다. 끊임없이 피아노 연습에 몰두하던 중 자신에게서 우러나오는 한국적 음악의 뿌리와 피아노 음악을 접목해 본인만의 독특한 분야를 개척했다.

자유로운 연주는 모든 연주자의 꿈이다. 임동창은 연주기법이나 곡 해석뿐만 아니라 클래식, 재즈, 우리 음악 등의 어떤 장르에도 머무르지 않는 완벽하게 자유로운 연주를 보여주며

더 나아가 항상 자신만의 소리를 만들어 내는 천재적인 피아니스트다. 임동창의 우리 음악 강의를 통해 자신의 정체성을 발견하고 자기만의 음악성을 열어갈 새로운 실마리를 얻을 수 있을 것이다.

### 재즈 피아니스트 김광민

13년 동안 수요예술무대의 진행을 맡아 우리에게 친숙한 재즈 피아니스트 김광민은 동덕여대 실용음악과 교수로 후진을 양성하고 있다. 어린 시절 피아노를 배우다 그만두었지만 중고등학교 시절 틈틈이 떠오르는 악상으로 곡을 만들고 밴드를 조직하기도 한 그는 음악을 전공하기를 원했지만 부모님의 반대로 무역학도가 되었다.

대학시절 '시나브로' 라는 3인조 록그룹을 결성해 대학가요제 동상을 받고 유명 가수들의 세션맨으로도 활약했다. 25살에 교통사고로 부모님을 잃고 얼마 지나지 않아 병으로 형도 잃었다. 그는 외로움을 달래주는 음악에 몰두하기로 결심하고 유학길에 올랐다. 이후 5개의 음반을 내며 재즈 피아니스트로, 대학의 교수로 일하고 있다. 김광민의 음악을 들으면 한 사람의 음악에는 그의 내면과 그의 인생과 그의 모든 것이 담겨있다는 것을 확실히 알 수 있다.

### 차세대 주역 피아니스트 김선욱

2006년 '리즈 국제 피아노 콩쿠르' 에서 한국인 김선욱이 1등을 차지하면서 사람들의 주목을 끌게 되었다. 그가 주목받는 이유 중 하나는 토종 영재이기 때문이다. 그는 리즈를 준비하며 매일 11곡을 연습했다고 한

다. 그것을 다 연주하려면 3시간 반 정도 걸린다니 그의 열정을 짐작하고도 남는다.

한국예술종합학교 음악원을 졸업한 그는 어린 시절부터 남다른 구석이 많았다고 한다. 일단 좋아하기 시작하면 몰입해 푹 빠져드는 성격이라, 경매에 나온 정명훈의 지휘봉과 입던 셔츠까지 사야 직성이 풀릴 정도였다고 한다.

최근에는 세계적 음악 매니지먼트 회사인 아스코나스 홀트사와 전속 계약을 맺었다. 정명훈과 장한나, 조수미 등이 속해 있는 아스코나스 홀트사에서 김선욱은 최연소 아티스트로 활동하게 된다. 그의 모습에서 한국 클래식의 밝은 미래를 기대해 본다.

미리 체험하는
생생한 음악 전공 이야기

# 소리의 조화를 이끄는 지휘

지휘 전공생은 음악 일반에 관한 폭넓은 이해가 필요하며 이를 위해 예술 전반에 관한 기초지식과 각 악기에 대한 연주법을 익히는 것이 좋다. 지휘전공실기, 피아노실기, 총보독법, 오페라 반주법, 통주저음연주법 등의 전공필수 과목과 지휘 실습과정의 수업을 듣고 지휘 실습을 통하여 실제 연습과 연주를 경험할 수 있다.

서울대학교에는 작곡과 내에 지휘 전공이 있고, 한국예술종합학교에는 지휘과가 개설되어 있으며 교회음악과 내에 지휘 전공이 있는 학교도 있다.

서울대학교의 작곡과를 살펴보면 작곡에 관한 이론과 기법뿐만 아니라 음악학을 연구하고 배우며 유능한 작곡가, 음악학자와 지휘자를 양성하기 위해서 작곡 전공, 이론 전공, 그리고 지휘 전공으로 나뉘어져 있다. 한국예술종합학교는 지휘과와 음악학과가 별도로 개설돼 있다.

작곡 전공을 하거나 피아노나 관현악 전공, 또는 성악 전공을 한 후 대

학원에서는 지휘로 전공을 바꿔 공부하는 경우가 많다. 오케스트라 단원으로 오랜 기간 연주하다 지휘를 하게 되면 그동안 다루어 왔던 많은 레퍼토리와 각 악기(특히 자신이 연주하던 악기)에 대한 지식이나 연주기법 등이 지휘하는 데 많은 도움을 줄 수 있다.

지휘자는 여러 악기(합창지휘에서는 여러 가지의 목소리)의 소리를 잘 어우러지게 조합할 수 있도록 귀가 좋아야 하며, 100여 명의 단원들을 이끌어 나가기 위해 카리스마와 함께 단원들을 화합시켜 따뜻한 분위기를 만들 수 있는 유머와 따뜻함도 필요하다. 오케스트라에 사용하는 악보인 풀 스코어(Full Score)에는 모든 악기의 악보를 한눈에 볼 수 있도록 그려져 있다. 지휘자는 이 악보를 보고 단원을 연습시키고 지휘를 하게 되는데 당연히 그 모든 음들을 듣고 연습을 시켜야 하므로 대단한 음악성과 청음 능력이 있어야 한다. 이를 총보독보 능력이라고 한다. 피아노 전공자는 모든 음역의 악기 소리를 낼 수 있고 여러 음들을 동시에 수직적으로 읽는 능력이 다른 연주자들보다 숙련되어 있기 때문에 유리하다.

지휘 전공은 오케스트라 지휘 전공과 합창 지휘 전공으로 나뉜다. 오케스트라 지휘 전공은 기악 전공자가 유리한데 오케스트라의 여러 가지 악기에 대해 잘 알아야 하며 오케스트라 곡에 대해 공부해야 한다. 또한 총보를 잘 보도록 훈련해야 한다.

반면 합창 지휘 전공은 성악 전공자가 유리한데 각 파트의 음색과 발성법, 가사전달법들에 대해 알아야 하며 다양한 시대별 합창곡들에 대해 공부해야 한다.

오케스트라 지휘 전공이나 합창 지휘 전공 모두 지휘에 관한 테크닉을 배워야 한다. 또한 소리를 잘 어우러지게 섞을 수 있도록 단원들을 훈련시켜야 하기 때문에 예민한 귀가 필요하며 단원들의 화합을 유도할 수 있는 카리스마와 유머가 필요하다. 그럼 이제부터 각 지휘 전공에 대해 자세히 살펴보도록 하자.

## 합창 지휘

**과목 알아보기**
지휘 전공실기, 챔버콰이어, 성악실기, 합창문헌, 대위법, 건반화성과 통주저음

합창 지휘 전공생들은 합창 지휘 전공실기를 통해 합창곡을 실제로 지휘하는 데 필요한 지휘 테크닉 등 손의 사용법과 악곡의 표현을 이끌어 내는 지휘법을 배울 수 있다. 학생들은 실제 합창곡을 들으며 지휘 실습을 한다.

성악 전공자들의 소규모의 합창 수업인 챔버콰이어는 혼성 합창의 실습을 통해서 여러 시대의 음악형식, 오라토리오, 레퀴엠, 칸타타와 수난곡, 그리고 한국 작곡자들의 합창곡 등 합창을 위한 레퍼토리들을 직접 연습하고 연주할 수 있다. 합창 지휘를 위해서는 성악도 제대로 배워야 하므로 성악실기 수업을 받는 것이 좋다. 합창 지휘 수업을 통

해서 학생들은 올바른 호흡법과 발성을 토대로 정확한 소리 전달에 대한 성악적 기교를 연마하며, 음악적 표현과 실질적인 연주에 필요한 교육을 받을 수 있다.

또한 바흐부터 현대에 이르는 오라토리오, 레퀴엠, 칸타타, 수난곡과 한국 작곡가의 합창곡 등을 알아보고 연구하는 합창문헌 수업도 공부할 수 있다.

### 오케스트라 지휘

**과목 알아보기**
오케스트라 지휘 전공실기, 총보독법, 관현악법, 지휘워크숍, 고급건반화성, 오페라 지휘법, 관현악곡분석, 서양음악분석

오케스트라 지휘 전공생들은 오케스트라 지휘 전공실기를 통해 각 시대별 오케스트라 레퍼토리를 지휘할 수 있는 능력을 기를 수 있다. 또한 기초적인 바통(지휘봉) 테크닉을 배우고 곡에서 어떻게 표현을 이끌어 내야 하는지도 배울 수 있다. 수업 때는 오케스트라를 두고 지휘할 수는 없으므로 서로 돌아가면서 피아노 연탄으로 스코어를 연주하게 하고 지휘법을 배우는 그룹 수업이다.

오케스트라 전공자가 반드시 충실히 공부해야 할 과목인 총보독법은 교향악 지휘를 위해 악보(스코어)를 읽고 연주하고 해석하는 수업이다.

이조악기와 가온음자리표를 포함하는 총보를 해석하고 피아노로 연주하기 위해 총보 속에서 화성 진행과 프레이즈를 발견하고 주선율과 반주적 요소, 유니즌 등 오케스트라적 기법을 건반음악화하는 방법을 배울 수 있다.

관현악법은 오케스트레이션이라고 하는데 선율이나 반주부의 성격에 따라 어떤 악기에 배치하는 것이 좋은지를 배우는 수업이다. 관현악의 편곡 또는 작곡을 하기 위한 악기들의 구조나 기능 등을 연구하고 이해하여 실제 편곡이나 작품상에서 악기들 개개의 특성에 따른 앙상블 편성 등을 손쉽게 할 수 있다. 현악편성, 목관편성, 금관편성, 타악기 편성과 관현악 편성의 기법을 악곡분석과 실제 편성실습을 통해 수업한다. 학생들은 피아노곡을 앙상블이나 오케스트라 곡으로 편곡하는 연습을 통해 앙상블이나 교향곡의 구성 원칙을 배울 수 있다. 오케스트라 지휘 전공생들은 16세기에서 18세기에 주로 사용되었던 대위법(對位法)을 연구, 분석해 바로크시대 다성음악 작품의 이해력을 높일 수 있다. 주로 모방적 짜임새(카논, 푸가) 등 그 당시의 선율이나 화성의 진행 규칙을 배운다.

또한 지휘법, 해석의 원리와 방법, 그리고 연주 테크닉으로 구성된 지휘워크숍을 통해 음악적이고 기교적 관점에 따라 주요 곡들을 공부하게 된다. 학생들은 실제로 오케스트라를 직접 지휘해 보는 기회를 가질 수 있다.

숫자저음을 보고 화성을 만들어 연주하는 법, 총보독법, 이조, 전조, 초견, 즉흥연주 등을 통하여 건반악기의 기법을 연마하는 고급건반화성도 마련되어 있다.

오페라 반주는 오케스트라가 하게 된다. 따라서 지휘자는 오페라에 대해서도 잘 알아야 한다. 오페라의 지휘는 오케스트라 지휘자가 하기 때문에 극의 흐름과 주인공의 아리아에 잘 맞는 반주를 하기 위해서 오페라곡도 공부해 두어야 한다. 오페라지도법 수업을 통해 오페라 곡의 성악스코어(총보)를 보고 연주하며 오페라 출연자들을 음악적으로 코치할 수 있을 정도가 되면 더욱 좋다.

오케스트라 지휘 전공생들은 지휘워크숍의 연장된 수업인 관현악곡분석을 통해 지휘에 관련된 다수의 필수과정을 매학기 각 단계별로 학습하고 특정과정들을 심화학습할 수 있다. 주로 관현악곡의 지휘법, 해석의 원리와 방법, 그리고 연주테크닉으로 구성되는데 음악적이고 기교적 관점에 따라 주요 곡들을 분석하게 된다.

18세기부터 현대까지 조성음악의 형식구조를 자세히 배우는 서양음악분석을 통해 학생들은 음악을 구성하는 가장 작은 단위인 동기와 그것이

발전되어 가는 과정을 분석해 보며 반음계적 화성과 성부 진행, 범조
성주의, 자유조성주의 등과 같은 20세기의 혁신적인 조성음악들도 분
석해 볼 수 있다.

## 오케스트라는 어떻게 이루어질까?

수많은 악기들이 어울려 화음을 만들어 내는 것이 오케스트라(관현악단)이다. 높은 소리와 낮은 소리, 두꺼운 소리와 얇은 소리 등이 어울려 가슴을 울리는 감동을 만들어 낸다.

처음 오케스트라 편성의 관현악을 듣게 되면 그 웅장함과 화려함에 매료되어 가슴이 뭉클해지는 감동을 느끼게 된다. 음악을 좋아하고 싶다면 꼭 한 번 오케스트라 연주를 직접 들어보자. 음악의 진정한 아름다움을 알 수 있을 것이다. 음악회장을 찾아가 오케스트라 음악을 들으면 각 악기의 다양한 음역과

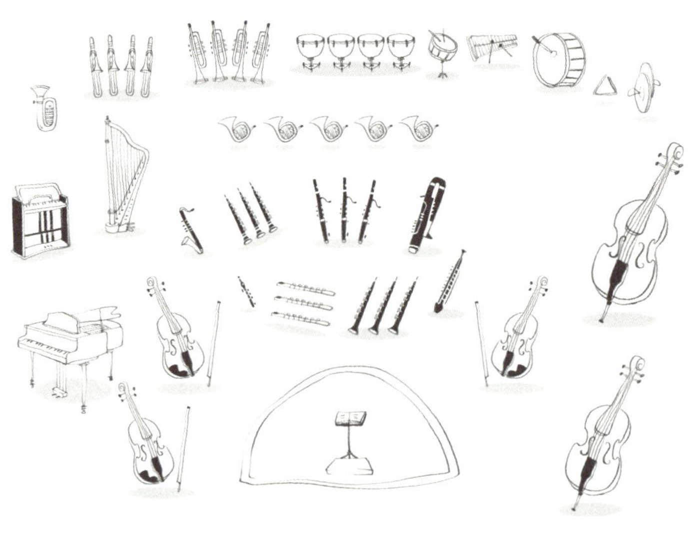

음색을 직접 듣고 그것들이 어떻게 어우러져 화음을 이루어 내는지 알 수 있으며 각 악기의 모양이나 연주자세 등을 확실히 알 수 있게 된다. 오케스트라의 악기들을 자세히 알아보며 자기에게 맞는 악기는 무엇일까 한번 생각해 보자.

브리튼의 《청소년을 위한 관현악 입문》을 들으며 여러 악기의 특징적인 음색을 들어보는 것도 좋겠다.

♫ 바이올린 (Violin/ Vn.)

서양음악을 대표하는 활로 연주하는 악기로 폭넓은 음역과 유연하게 변하는 음량, 음색에 따라 관현악이나 실내악에서 중심적 역할을 한다. 바이올린이 오늘날과 같이 4개의 현으로 바뀐 것은 1550년 무렵이다.

오케스트라에서는 높은 음역을 담당하는 제1바이올린 10여 명과 그보다 낮은 음역을 담당하는 제2바이올린 10여 명의 두 파트로 나뉘어 있다. 바로크 시대 작곡가 비발디의 바이올린 협주곡 《사계》를 들으며 화려한 바이올린의 소리를 감상해 보자.

♫ 비올라 (Viola/ Va.)

오랫동안 독주악기로 인정받지 못하고 주로 합주의 중성부를 맡아 고음 바이올린과 저음 첼로 사이의 음역을 따뜻하고 부드러운 소리로 채우는 악기였다. 바로크 이후 합주에 중요한 위치를 차지하게 되었으며 비발디, 코렐리 등의 합주협주곡, 헨델과 바흐의 종교곡이나 관현악곡에 나타난다.

#### ♫ 첼로 (Cello or Violoncello/ Vc.)

합주에서는 낮은 음역을 담당하며, 실내악과 오케스트라에서 그 역할이 중요하다. 이탈리아의 가브리엘리가 첼로를 위한 《리체르카레(1689)》와 소나타를 작곡한 것이 최초의 독주곡이다.

#### ♫ 콘트라베이스 (Contrabass, Doublebass/ Cb.)

고전파시대까지는 첼로의 8도 아래로 겹쳐 연주하는 일이 많았으나 차츰 독자적 지위를 확보하여 독주에도 쓰인다. 악기가 크기 때문에 빠른 곡을 연주하기가 몹시 어렵지만 게리 카르와 같은 훌륭한 연주자의 콘트라베이스 연주는 마치 첼로 연주를 듣는 듯 민첩하고 아름답다. 재즈 등에 사용할 때는 현을 튕기는 피치카토 주법이 중심이 된다.

#### ♫ 하프 (Harp/ Hp.)

글리산도 주법을 사용해 가냘픈 속삭임으로부터 광대한 음향까지 낼 수 있다. 글리산도 주법은 위쪽 또는 아래쪽으로 여러 개의 줄을 순서대로 빠른 속도로 울려가는 방법을 말한다. 바른 자세로 오른쪽 어깨에 하프를 기대놓고 두 손으로 연주하는데 오른손은 주로 중음에서 고음역을 담당하고 왼손은 중음과 저음을 담당한다. 7개의 페달을 사용하여 특정 현의 음높이를 변화시킬 수 있다.

#### ♫ 플루트 (Flute/ Fl.)

원래는 흑단 등의 목재를 사용하였으나, 요즈음은 백통(은백색으로 구리, 아연,

니켈의 합금), 은 등의 금속제를 많이 사용한다. 다
른 악기나 노래에 맞추는 합주용
악기로 쓰이다가 17세기 무렵 모양이 가늘어지면
서 음이 밝아지고, 음정 조절이 쉽도록 반음
을 내는 키를 붙이고부터 독주용 악기로
인정되었다.


## ♫ 피콜로 (Piccolo/ Picc.)

플루트보다 한 옥타브 높은 음을 낼 수 있다. 재료는 주로 목재를 쓰지만 금
속 또는 목재와 금속을 결합하여 만들기도 한다. 오케스트라에서 피콜로 연
주는 플루트 주자가 겸해서 한다. 베토벤은 교향곡 제5번《운명》에서 피콜로
를 처음 사용했다.


## ♫ 오보에 (Oboe/ Ob.)

목관악기 중 음률 조정이 가장 어려워 합주 시에는 다른 악기가 오보에에 맞
춘다. 오케스트라의 연주 직전 악기들의 음을 맞출 때 맨 처음 오보에가 A음
을 불어주면 관악기가 먼저 맞추고 이어 현악기들이 오보에의 A음에 줄을 맞
춘다. 16~17세기에는 무용반주로 쓰였으나 그 후 음의 지속성과 예리하고
깊이 있는 음색 때문에 오페라, 실내악, 오케스트라 등에서 중
요한 지위를 차지하는 악기가 되었다.
영화『미션』에 삽입된《가브리엘의 오보에》를 들어보자. 오
보에의 매력을 흠씬 느낄 수 있을 것이다. 그 외 마르첼로의

《오보에 협주곡 d단조》도 유명하다.

### ♫ 클라리넷 (Clarinet/ Cl.)

어둡고 부드러운 낮은 음역에서 날카로운 높은 음역까지 낼 수 있는, 음역이 넓고 음색이 다양한 악기이다.

모차르트의 《클라리넷 협주곡》을 들어보면 클라리넷의 특징적인 소리를 즐길 수 있을 것이다. 특히 2악장은 유명한 영화 『아웃 오브 아프리카(Out of Africa)』의 OST로 사용되어 영화 속 자연의 아름다움과 함께 웅장하면서도 서정적인 감동을 더해주고 있다.

### ♫ 파곳 또는 바순 (Fagott or Bassoon/ Fg.)

다른 더블리드 악기인 오보에나 잉글리시호른보다 큰 두 장의 리드를 갖고 있으며, U자형의 모관에 가는 금속관을 꽂은 형태이다. 1880년 독일에서 오늘날과 같은 모양의 바순을 만들었는데, 높은 음역의 음은 연주하기가 어려워 연주자의 고도의 기술이 필요하기 때문에 대개는 쓰이지 않는다.

목관악기 중 가장 낮은 음역을 담당하는데, 전체적으로 조용한 느낌의 악기로 음색이 아주 독특하며, 쉽게 다른 악기의 음색과 어울릴 수 있어 관현악, 취주악, 실내악 등 주로 합주에 쓰인다.

러시아의 작곡가 프로코피에프의 음악극 《피

터와 늑대》에서는 피터의 할아버지가 등장할 때 바순의 연주가 나온다.


♬ 호른 (Horn/ Cor.)

금관악기 중 가장 따뜻한 소리를 지녀 목
관5중주에 포함되기도 한다. 목관5중주
는 플루트, 오보에, 클라리넷, 호른, 바
순으로 이루어지며 금관5중주는 제1트
럼펫, 제2트럼펫, 트롬본, 호른, 튜바로 편
성된다. 금관5중주는 결혼식 때 사용하면 성대
한 축제의 분위기를 연출할 수 있다. 모차르트의 4개의 호른협
주곡을 들어보면 부드럽고 따뜻한 호른의 음색을 느낄 수 있
을 것이다.


♬ 트럼펫 (Trumpet/ Tr.)

이 악기의 역사는 오래되었으며 BC 2000년경 이집트의 그림에도 나타나 있
다. 음색은 주로 밝고 날카로우며, 화려한 고음이지만 연주법에 따라 달콤하
고 부드러운 음도 낼 수 있어 독주에서도 활약하고 있다. 유명한 트럼펫 협주
곡으로는 하이든의 《트럼펫 협주곡 E flat 장조》와 훔멜의 《트럼펫 협주곡 E
flat 장조》가 있다.


♬ 트롬본 (Trombone/ Tbn.)

현재 일반적으로 사용하는 것은 관의 일부를 슬라이드시켜 관

의 길이를 바꾸고, 그에 따라 음높이를 조절할 수 있는 슬라이드식 트롬본이다. 트롬본은 슬라이드관이 큰 특색이며, 이로 인해 다른 금관 악기로는 곤란한 포르타멘토 등의 연주가 가능하다. 트롬본 협주곡은 흔하지 않은데 다비트의 《트롬본 협주곡 E flat 장조》가 유명하다.

### ♫ 튜바 (Tuba)

고대 로마의 악기 튜바에서 유래한 이름으로 금관악기 가운데 가장 굵고 긴 관이 있어 깊고 부드러운 느낌을 주며, 독주악기보다는 합주악기로 쓰인다. 튜바 협주곡은 드물지만 현대 작곡가 본 윌리암스의 《베이스튜바 협주곡 f 단조》는 튜바의 매력을 듬뿍 느낄 수 있는 곡이다.

## 타악기

타악기는 음의 높이를 갖는 것과 음정이 없는 악기로 구분한다. 손이나 도구로 때려서 소리를 내는 실로폰, 마림바, 비브라폰, 팀파니 등이 음정 타악기다. 보통 2개의 다른 음정을 갖는 커다란 북의 모습을 한 팀파니는 웅장하고 큰 소리를 내며 요즈음은 3개의 팀파니를 주로 사용한다.

음정이 없는 타악기에는 큰북, 작은북, 트라이앵글, 탬버린, 탐탐, 봉고, 톰톰, 심벌즈, 캐스터네츠 등이 있다. 탐탐(Tam Tam)은 청동으로 만든 커다란 징을 말하며 톰톰(Tom Tom)은 작은북을 말한다. 오케

미리 체험하는
생생한 음악 전공 이야기

스트라의 맨 뒷줄에 일렬로 서서 여러 가지의 타악기를 연주하는 타악기 주자들은 특히 청중의 관심을 끈다. 특히 팀파니스트는 규모가 큰 곡에서 그 위력을 한껏 발휘하게 되어 연주가 끝나면 많은 박수를 받곤 한다.

### 건반악기

피아노, 오르간, 파이프오르간, 클라비코드, 하프시코드 등이 건반악기에 속한다. 건반악기의 대표적 악기인 피아노는 18세기 말부터 현대에 이르기까지 가장 일반적으로 사용하였다. 건반으로 연주하는 점에서는 오르간과 같으나, 오르간이 파이프에 공기를 보내어 소리를 내는 기명악기인 것에 비해 피아노는 현의 진동으로 소리를 내는 현명악기이다.

# 미국 보스턴 심포니 오케스트라
# 최연소 단원 이주람

많은 음악 전공생들이 대학 졸업 후 유학을 꿈꾼다. 더욱이 외국 오케스트라에 취업까지 된다면야 더 바랄 것이 없다는 생각을 한다. 물론 단지 꿈의 무대는 아니다. 해외 오케스트라 단원으로 현재 많은 우리나라 음악인들이 활동하고 있으며, 음악을 사랑하는 청소년들에게도 언제든 열려있는 무대이다.

현재 미국 보스턴 심포니 오케스트라의 최연소 단원 역시 우리나라 음악인이다. 그 주인공은 바로 이주람. 그녀는 4세 때 바이올린을 시작해 7세 때 줄리아드 예비학교에 입학했고, 커티스 음대에서 공부한 후 뉴잉글랜드 콘서바토리(석사과정) 재학 중이던 23세에 세계적인 지휘자 제임스 레바인이 이끄는 미국의 명문 교향악단 보스턴 심포니 오디션에 합격해 종신단원이 되었다. 평균연령 50대인 이 오케스트라의 최연소 단원이자 보스턴 심포니 사상 두 번째로 어린 나이에 단원이 된 것이다.

그녀는 오케스트라뿐만 아니라 실내악 연주에도 관심이 많으며, 어릴 때부터 동경했던 배우의 꿈을 찾아서 연기수업도 받는다고 한

다. 음악에 대한 열정이 보스턴 최연소 단원이라는 타이틀을 달게 한 것 같다.

그렇다면 보스턴 심포니의 오디션은 어떻게 치러질까? 우선 입단자격이 주어지면 1년 동안 함께 연주를 하면서 테스트를 한다. 그런 다음, 오케스트라 단원 전체의 의견을 듣고 최종적으로 몇몇 심사위원들의 심사로 결정이 되는 것이다. 자, 까다로운 관문이지만, 음악에의 열정 앞에서는 아무것도 아닐 것이다. 스스로의 미래를 꿈꾸고 도전하자!

# "관현악을 전공하는 김명선 학생을 만났습니다"

**Q. 음악전공생들의 하루 일과는 어떻게 이루어지는지 궁금합니다.**

**A.** 화요일부터 금요일까지 교양수업(교직, 독일어)과 전공수업(연주, 오케스트라, 부전공, 음악분석, 국악개론, 관악합주)으로 시간표가 채워져 있답니다. 그리고 수업이 끝나면 개인연습과 과제를 하죠. 모든 학생들이 정말 열심히 하기 때문에 하루라도 게을리 할 수 없어요. 수업이 적은 날에는 레슨 아르바이트도 하고요.

**Q. 음악 전공을 결정할 때 가장 중요하게 생각해야 할 것은 무엇인가요?**

**A.** 가장 중요한 것은 본인이 정말 좋아서 하는 것인가 하는 문제인 것 같아요. 보통 전공을 어릴 때 결정하게 되는데, 부모님의 욕심(?)으로 얼떨결에 하게 되는 경우도 있죠. 그런 친구들 중 예고에 진학했는데 적성에 맞지 않아 일반 고등학교로 전학 가는 경우도 봤거든요.

그리고 학업과 악기연습 두 가지를 병행해야 하기 때문에 다른 학과 학생들에 비해 개인적인 시간을 갖기가 어려운 경우도 있어요. 그러다 보니 포기해야 할 일들도 많은 것 같고요. 그런 것들을 이겨낼 만큼 음악을 사랑하는 마음과 자신에 대한 믿음이 있어야 한다고 생각해요.

미리 체험하는
생생한 음악 전공 이야기

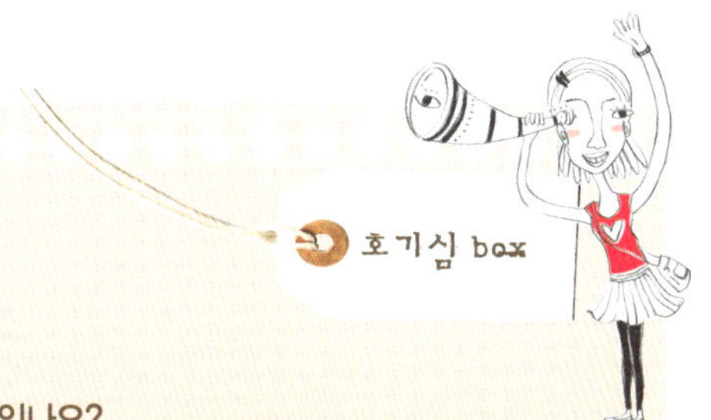


**Q. 졸업 후 진로는 어떻게 생각하고 있나요?**

**A.** 저는 졸업 후 유학을 갈 예정이에요. 유학을 갔다 와서는 연주회도 많이 하고, 오케스트라단에 들어가 활동을 하고 싶어요.


**Q. 관현악 전공생에게 전공실기 외에 가장 중요한 과목은 무엇인가요?**

**A.** 다른 전공생들도 그렇겠지만 특히 관현악 전공생들은 외국으로 유학을 나가는 경우가 많아서 외국어 수업이 중요하다고 생각해요. 외국어는 어느 분야를 막론하고 필수인 것 같아요.


**Q. 다른 전공생보다 관현악 전공생에게 특히 중요한 것은 무엇인가요?**

**A.** 저는 관악기를 하기 때문에 입술이나 구강구조, 심폐기능이 중요하다고 생각해요. 그리고 손가락이 빨라야 멋진 테크닉을 선보이는 데 무리가 없어요.


**Q. 오케스트라 수업이 어떻게 이루어지는지 궁금합니다.**

**A.** 저희 오케스트라 수업은 현 파트로는 바이올린, 첼로, 비올라, 콘트라베이스, 관 파트로는 플루트, 오보에, 클라리넷, 바순, 트럼펫, 트롬본, 튜바, 타악기 이렇게 구성되어 있어요. 오케스트라 수업에서 가장 중요한 것이 음정이기 때문에 주위 환경이 변해도 음정의 변화가 크게 나지 않는 오보에가 A(라)음으로 튜닝을 시작해요. 그러면 바이올린 수석이 그 음정에 맞춰서 현 파트와 나머지 파트를 전체적으로 튜닝하고요.

오케스트라 수업은 모두 다른 악기가 앙상블을 이루어야 하기 때문에 단합도 중요하고, 지휘 선생님이 혼자서 많은 인원을 통솔해야 하기 때문에

지휘를 잘 보는 것도 중요해요.

그리고 오케스트라 연습을 많이 하다 보면 처음엔 잘 되지 않던 앙상블이 잘 이루어질 때가 있어요. 그 순간 가장 뿌듯하고 보람 있어요.

**Q. 무대공포증을 경험한 적이 있나요? 그것을 어떻게 극복했는지 알려주세요.**

**A.** 무대공포증이 있어요. 이건 개인적인 생각이지만, 무대라는 건 서면 설수록 더 떨리는 것 같아요. 이 공포를 극복하는 방법은 정말 연습을 완벽하게 하는 것이 아닐까 해요. 내가 연습을 많이 해서 연주곡에 자신감이 생기면 아무래도 덜 떨리는 것 같아요.

미리 체험하는
생생한 음악 전공 이야기

# 음악이론의 초대, 음악학



> **과목 알아보기**
> 음악학 전공실기, 합창, 화성분석, 음악학 개론, 음악이론특강, 국악사 및 국악감상, 음악과사회, 서양음악분석입문, 비평실습

음악학은 음악에 대한 학문적, 과학적 연구를 말한다. 음악학의 연구 영역은 넓고 다양하며 유럽음악 외의 다른 예술음악뿐만 아니라 모든 민속음악과 비서구음악도 포괄한다. 브리태니커 백과사전에 따르면 음악학의 범주는 음악사와 음악현상 연구 두 분야로 크게 요약할 수 있는데 음악현상에 대한 연구는 다시 ① 형식과 기보법, ② 작곡가와 연주가의 삶, ③ 악기의 발전과정, ④ 음악이론(화성, 리듬, 선율, 선법, 음계 등), ⑤ 미학, 음향학, 소리, 귀, 손의 생리학과 같은 분야로 나뉜다.

음악학과는 음악학, 음악이론, 음악사에 대한 연구를 통하여 유능한 음악학자와 음악이론가, 음악평론가를 양성하는 곳이다. 음악학과에서는 음악이론에 대한 광범위한 지식과 더불어 어학, 철학, 문학, 역

사, 과학에 관한 지식도 갖추도록 한다. 또한 음악이론 연구 분야의 가능성 탐색, 방법론 선택의 기술, 자료수집의 방법, 학문적 사고의 습득, 글쓰기 기술의 배양을 위해 전공 교과과정을 음악학, 음악이론, 음악사를 중심으로 편성하여 유능한 음악학자와 음악이론가, 음악평론가를 양성한다. 더불어 교육범위와 영역을 서양음악, 한국음악, 종족음악 등으로 다양화하여 폭넓은 지식을 갖추도록 한다.

자, 이제부터 음악학 전공생들은 무엇을 배우는지 알아볼까? 음악학 전공생들은 교수님과 각 학년의 학생들이 모여서 하는 토론식 수업인 음악학 전공실기를 통해 음악과 관련된 광범위한 지식과 사고력을 개발하고 글로 써내는 능력을 기를 수 있다. 또한 합창 수업을 통해 음악의 실제를 체험하기 위해 각 시대별 합창곡을 직접 불러본다. 음악의 각 분야를 세세하게 알고 있어야 폭넓은 연구와 글쓰기가 가능하기 때문이다.

화성분석은 악곡의 화성을 분석하는 방법을 배우는 수업으로 시대별 양식에 따라 화성의 종류와 진행방법이 달라진다. 그것들이 그 시대의 사회상을 반영하기 때문에 다양한 악곡의 화성을 분석해 보는 것이 필요하다.

음악학 전공생들은 음악학에서 다루는 음악과 관련된 모든 학문적인 것들에 대해 입문하는 수업인 음악학 개론도 배울 수 있다. 음악과 다

른 학문과 연계된 지식을 연구함으로써 음악에 대한 심도 있는 이해를 할 수 있으며, 20세기로 접어들면서 순수음악을 넘어 다양해지는 음악의 양상까지도 살펴볼 수 있다.

여러 종류의 음악과 관련된 부문을 체계적, 역사적으로 분류하여 배우게 되는데 강의내용을 살펴보면 음악음향학, 음악생리학, 음악심리학, 종족음악학 등이 있다. 또한 위의 내용들을 좀 더 심도 있게 배울 수 있는 음악학 수업과 음악학의 여러 분야 중 음악이론의 부분에 대해 더욱 심도 있게 배우는 음악이론특강도 공부할 수 있다.

음악학은 유럽의 음악뿐만 아니라 각 종족의 음악에 대해서도 다루게 되므로 특히 국악에 관한 지식이 많아야 한다. 음악학 전공생은 국악사와 국악 감상을 통해 국악의 역사를 배우고 악곡들을 감상함으로써 국악에 대한 이해를 높이게 된다.

모든 학문이 그렇지만 음악 역시 당시의 사회와 밀접한 관계를 가지며 발전해 왔다. 음악과사회 수업을 통해 학생들은 각 시대의 음악과 관련된 사회상을 알아보고 그 사회적 요인들이 음악에 어떻게 영향을 미치는지에 대해 배울 수 있다.

서양음악분석입문은 서양음악의 시대별 악곡에 대한 분석에 입문하는 과목이다. 음악학의 기본은 음악을 정확히 분석하고 아는 것에서 출

발하기 때문에 중요한 수업이라 할 수 있다.

음악학에서는 사고력과 더불어 글쓰기 능력이 매우 중요하다. 학생들은 비평실습을 통해 어떤 음악이나 연주자의 연주에 대한 비평을 연습해 볼 수 있다.

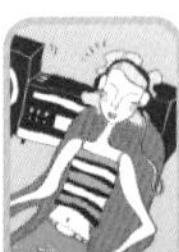
미리 체험하는
생생한 음악 전공 이야기

# 전통음악의 재발견, 국악



**과목 알아보기**

전공실기, 국악총론, 국악기론, 국악합주, 판소리, 한국악기연주, 국악기실습, 국악문헌, 국악과 전자음악, 국악분석, 음악평론, Short Term Music Study Abroad

국악 전공 또는 한국음악 전공생은 대학교육을 통해 전통적인 민족음악에 대한 학문성과 예술성을 높이고 선도적으로 국악계를 이끌어 나갈 인재로 성장할 수 있다. 학교마다 전공 분야가 다르지만 대체로 크게 기악, 성악, 이론, 작곡으로 구성되어 있으며 기악 분야는 가야금, 거문고, 해금, 대금, 피리, 아쟁, 소금 · 단소, 타악의 8개 전공으로, 성악 분야는 정가, 판소리, 경서도소리, 가야금병창의 4개 전공으로 세분화되어 있다.

또한 우리 민족의 고유한 전통음악을 학문적으로 연구하고 한국악기 실기를 전문적으로 연마하여 한국음악의 발전에 기여함은 물론 전통

문화의 재창조를 통하여 세계음악문화에 기여할 수 있다.

졸업 후에는 국립국악원 등의 전문연주단체, 다양한 문화단체, 소규모의 실내악단 등에서 연주 활동을 하거나, 유아나 초중고의 교사 혹은 다양한 문화예술단체의 강사로 진출하기도 한다. 또한 대학원이나 해외유학을 통해 조금 더 깊이 있는 학문세계를 체득한 후 대학에서 후진을 양성할 수도 있고, 음악잡지, 방송, 음악기획사 등 음악과 관련된 여러 분야에서 능력을 펼칠 수도 있다. 자, 이제부터 국악 전공생은 무엇을 배우는지 알아보자.

국악 전공생은 주 1회의 국악 개인교수를 통하여 각자의 전공실기를 연마할 수 있다. 4년간에 걸쳐 다양한 레퍼토리의 악곡을 접하며, 연주가로서 필요한 기법, 악곡의 해석과 표현을 지도받고 연구하여, 하나의 독립된 예술가로 성장할 수 있다. 또한 기초교육과정인 국악총론을 통해 한국음악의 음조직, 리듬, 악식, 악곡, 악기분류법, 연주형태 등 국악 전반에 걸친 기초를 터득함으로써 이론과 연주 활동에 기틀을 마련할 수 있다.

국악 전공생은 한국음악의 전반적인 흐름과 한국음악의 역사적인 발자취를 쉽게 이해할 수 있는 국악사를 공부할 수 있다. 학생들은 각종문헌, 시청각자료, 악보 등을 통해서 각 시대별로 어떻게 음악이 형성, 발전되었는지를 이해하게 된다.

미리 체험하는
생생한 음악 전공 이야기

또한 한국 전통음악의 개관과 국악기의 분류, 구조, 음역, 표준음역, 음색, 연주법, 연주형태 등을 분석하는 국악기론을 통해 한국전통음악을 이해하고 국악기에 대한 전반적인 지식을 넓히고 더 나아가 전통음악의 새로운 해석과 악기 개조의 가능성을 검토할 수 있다.

한국전통음악은 독주곡보다 여러 가지 형식의 합주곡이 많이 있는데 이러한 합주곡은 각자의 기교도 중요하지만 다른 악기의 특성을 잘 알고 다른 주자와 조화를 이루는 훈련이 필요하다. 국악 전공생들은 국악 합주를 통해 하나의 합주곡을 예술적으로 만들어 내기 위해서 악기 주자로서 연마해야 할 여러 가지 조건을 배우며 합주에 필요한 기법과 표현력을 기르고 연주 경험을 쌓게 된다.

또한 국악 관현악을 통해 창작음악 중에서 관현합주곡을 통하여 연주자로서 연마해야 할 조건을 배우고 합주에 요구되는 기법을 익히며 표현력을 기를 뿐 아니라 연주 경험을 쌓을 수 있다.

학년별로 악기편성을 하여 각 학년의 수준에 맞는 악곡을 소규모 편성으로 연주하는 실습시간인 실내악 수업도 마련되어 있다. 학생들은 학기별로 정악곡과 민속음악, 창작음악을 주로 연주하며 신국악의 레퍼토리를 체험할 수 있다.

국악 전공생들은 국악을 전반적으로 이해하기 위해 정가를 공부할 수 있다. 정가는 국악성악에 대한 전반적인 내용을 다루는 과목으로 가곡, 가사, 시조의 가창 실습과 아울러 발성에서부터 현재에 이르는 생성구조를 알아보고 직접 불러보는 수업이다. 아정한 음악이라 이르는 정가를 학습함으로써 정악의 다양한 면모와 실습 외에도 문헌과 자료 수집 등의 과정을 통해 국악을 전반적으로 이해할 수 있다.

판소리는 한 사람이 소리, 아니리, 발림을 섞어가며 긴 이야기를 연출하는 극음악의 하나로 서양의 오페라와 비교하여 살펴볼 수 있지만 한 사람에 의해 이루어진다는 점에서 다르다. 실제공연의 관람, 채보 등을 통하여 판소리음악의 세밀한 영역까지 탐구하는 것이 목적인 판소리 수업을 통해 학생들은 실습과 이론을 배울 수 있다. 판소리 연구는 전공실기에서 산조의 해석에 음악적으로 많은 연관이 있다.

또한 한국인의 정서를 직접적으로 표현하고 있는 각 지역의 민요를 실습을 통해 이해할 수 있는 경서도민요를 공부할 수 있다. 이 수업을 통해 경기민요, 서도민요를 비롯하여 남도민요, 동부지방민요, 제주도민요 등을 가창하여 지역적으로 다른 음조직, 리듬 등의 특징을 이해하게 된다.

국악 전공 학생들은 작곡 전공을 위하여 국악기를 선택하여 다룸으로써 국악기에 대한 실기능력을 넓혀 전공에 응용할 수 있다. 개인별 수업을 통해서 각자의 국악기 실습을 연마함과 동시에 작품을 위한 더욱 깊은 연구를 할 수 있다.

단소와 소금은 한국전통음악에서 가장 대중적이고 유용한 악기다. 국악기 실습을 공부하며 단소와 소금의 기초적인 테크닉을 비롯하여 민요, 정악곡 등을 연주하는 방법을 배운다. 또한 전통아악과 민속악으로부터 현대 창작음악에 이르기까지 중요한 음악문헌과 악보자료를

연구하는 국악문헌을 통해 악곡의 역사적, 사회적 배경과 양식 기법을 고찰하고, 음반 감상을 병행하여 한국음악곡을 올바르게 이해하게 된다.

국악을 전공한다고 해서 전자음악을 배우지 않는 것은 아니다. 학생들은 국악과 전자음악 수업을 통해 각종 음향이론, 음향분석, 전자악기론, 전자음악 창작에 필요한 기초이론과 초기 전자음악사를 배울 수 있다.

국악과 전자음악은 순수음악뿐만이 아니라 멀티미디어시대의 소리와 음악 부문에서 학생들이 창조적인 역할을 수행할 수 있도록 하며, 기초적인 소리 합성방법도 익히게 한다.

전통 국악곡을 양식별로 분류하고 음계, 선율, 리듬, 관현악법, 형식 등을 분석함으로써 국악의 특징과 구성원리를 파악하는 국악분석 수업도 마련되어 있다. 올바른 연주를 위한 이론적 배경을 형성해 주며 전통 악곡의 원리를 이해시킴으로써 새로운 창작에 도움을 준다. 국악 전공생들은 음악평론도 공부할 수 있다. 음악비평이란 이 세상에 존재하는 온갖 종류의 비평 행위 중의 하나로 특별히 음악과 관계되는 모든 것을 대상으로 한다. 즉 음악비평이란 음악과 관계된 모든 것을 따져보는 행위라 하겠다. 이 수업에서는 특히 한국음악을 중심으로 비평을 한다.

마지막으로 국악 전공생은 Short Term Music Study Abroad를 배울 수 있다. 단기간의 해외 음악 학습을 통하여 세계의 교육환경을 체험하고, 전문적인 지식과 훈련을 심화하는 수업으로 세계로의 진출도 가능하다.

국악과가 있는 고등학교 알아보기

서울 : 국립국악고, 서울국악예고, 선화예고
부산 : 부산예고
대구 : 경북예고
광주 : 광주예고
울산 : 울산예고
경기도 : 계원예고
강원도 : 강원예고
충청도 : 충남예고, 충북예고
전라도 : 남원예고, 전남예고, 전주예고, 한국전통문화고
경상도 : 김천예고

미리 체험하는
생생한 음악 전공 이야기

## 국악기 들여다보기

국악에는 작곡, 판소리, 가야금, 거문고, 아쟁, 대금, 해금, 피리 등의 전공이 있다. 국악 기악은 연주법의 특징에 따라 관악기, 현악기, 타악기로 나뉜다. 관악기는 네 가지로 분류할 수 있는데 가로 부는 적, 세로 부는 적(U자 모양의 취구), 세로 부는 피리(겹혀), 김을 넣어 부는 악기로 나뉜다. 이 가운데 가로 부는 적은 둥근 취구를 가진 것과 U자 모양의 취구를 가진 것이 있다. 김을 넣어 부는 악기는 홀 혀를 가진 것과 혀 없이 부는 악기로 분류한다. 대금, 소금, 피리, 태평소, 단소, 생황, 퉁소, 나각 등이 속한다.

현악기는 활을 쓰는 악기, 술대로 타는 악기, 퉁겨서 타는 악기, 채로 치는 악기로 분류하며 가야금, 거문고, 해금, 아쟁, 양금 등이 있다. 타악기는 고정음률을 가진 악기와 고정음률이 없는 악기로 나눌 수 있다. 고정음률을 가진 악기에는 편종, 편경, 특종, 특경, 방향 등이 있다. 반면 고정음률이 없는 악기에는 장구, 좌고, 용고, 소리북 등이 있다.

## 국립국악원 정악단
## 유연숙 가야금 연주자가 들려주는 국악 이야기

초등학교 시절 가야금 연주를 보고 큰 감명을 받아서 가야금 연주자의 꿈을 갖게 된 유연숙. 그녀는 부모님의 권유로 국립국악원 부설 국립국악중고등학교에 진학하면서 본격적으로 가야금을 배우게 되었다고 한다.

국악을 하기 위해서는 어떤 적성이나 능력이 필요할까? 유연숙은 다른 음악과 마찬가지로 정확한 음감, 리듬감, 음악성 등 음악에 소질이 있어야 하고, 가야금의 경우 아담하고 힘이 있는 손이 가야금 구조 특성상 유리할 수 있다고 한다. 옛 명인들이 정악, 정가, 판소리, 민요, 악기, 춤 등 악(樂), 가(歌), 무(舞) 일체를 두루 섭렵한 것을 볼 때 국악에 관한 전반적인 관심과 이해가 큰 도움이 될 것이다.

과거의 서양음악이 귀족음악과 세속음악으로 나뉘었고, 오늘날도 클래식과 실용음악으로 나뉘듯이 국악에서도 궁중음악(정악)과 민속음악으로 나뉜다. 같은 국악기 전공이라도 정악 전공이 있고 민속악(산조 등) 전공이 있으며 국악 성악 전공도 정악 전공, 판소리 전공과 민요 전공으로 나뉜다. 대학에서는 자신의 전공과 더불어 다른 분야도 접할 수 있으며 현대의 창작국악작품을 연주하는 기회도 가질 수 있다. 창작곡을 위해 음역이 넓은 개량된 악기(25현의 가야금, 10현의 거문

고 등)를 사용하며 국악관현악단은 오선보를 사용한다.

국악 연주에서는 원래 정간보를 사용하는데 국악관현악단은 오선보와 개량된 악기를 사용하기도 한다.

그녀는 국악 전공을 생각하는 청소년들에게 '가장 한국적인 것이 가장 세계적인 것이다. 우리만의 것이 세계에서 큰 경쟁력을 가질 수 있다.'라고 당부한다. 지금도 우리나라를 대표하는 국악이 국가적인 대외행사에서 큰 관심을 불러일으키고 있으며 국립국악원의 여러 단체들은 문화사절로 1년에 수차례 해외 연주여행을 간다.

국악에 대한 국가적 지원도 활발해 서울, 남원, 진도에 이어 2008년 부산에 국립국악원이 개원할 예정이라고 한다. 또한 국악중고등학교도 계속 신설되는 추세이니 국악 조기교육에 관심을 가져보는 것도 좋다.

국악 전공을 하기 위해 미리 준비해야 할 학문적 기초로는 대학마다 입시과목이 다르나, 수능과목과 전공실기가 큰 비중을 차지하고, 국악이론, 피아노, 시창, 청음, 화성학, 국악시창이나 국악이론에 관한 논술 등을 공부해야 한다.

# 음악의 진화, 실용음악



실용음악 역시 작곡, 성악, 기악의 세 부분으로 나누어 전문적으로 공부할 수 있다. 실용음악에 대한 수요가 많아짐에 따라 전문 연주자들의 활약이 두드러지며 배우려는 학생들의 수도 증가하고 있다.

실용음악이란 가요, 팝, 영화음악, 광고음악, 뮤지컬 등을 전체적으로 포함한 명칭으로 실용음악을 전공하게 되면 이러한 음악을 작곡, 편곡, 연주하는 것을 공부한다. 따라서 이러한 사회와 문화의 현장에서 활동하는 전문인이 되기 위해서 필요한 이론과 실제를 공부하여 더욱 창의적인 사고를 할 수 있는 능력과 자질을 갖추게 된다.

자, 이제부터 실용음악 전공은 무엇을 배우는지 알아보자. 먼저 실용

음악 전공생은 재즈화성법을 배우게 된다. 재즈의 작곡과 연주를 위해서 재즈음악의 기본적인 화성진행(cycle progression)의 규칙부터 차근차근 익힐 수 있다. 서양음악의 악보에는 모든 음들이 다 나타나지만 재즈음악에서는 멜로디에 나타난 코드진행만 보고 즉흥연주를 해야 하기 때문에 화성의 진행 규칙과 재즈 화성 어법이 매우 중요하다. 이와 함께 재즈음악사도 공부할 수 있다. 재즈의 역사는 미국 흑인들의 독립을 쟁취하던 역사에서 시작한다. 재즈음악의 탄생과정과 재즈에서 비롯된 많은 장르의 탄생(현재의 가스펠 음악까지)을 공부하면서 학생들은 다양한 시대와 문화를 이해할 수 있다.

특히 재즈연주에서는 즉흥연주가 중요시되므로 학생들은 즉흥연주기법 수업을 통해서 훈련할 수 있다. 즉흥연주란 정해진 악보 없이 일정한 박자에 맞추어 자유롭게 연주하는 것이다. 많은 사람들이 서양 음악의 악보와 작곡에 길들여져 있어 즉흥연주를 어렵게 생각하지만 즉흥연주란 작곡보다 더 먼저 생겨난 인간의 가장 자연스러운 음악행위이다.

실용음악의 연주를 위해서는 선율, 리듬, 화음을 정확히 듣고 올바르게 부르는 훈련을 해야 한다. 음악 전공의 기초가 되는 수업인 시창, 청음은 실용음악 전공 학생들도 대학에서 배워야 한다. 기초적 단계에서 점차 고급단계로 옮겨가게 되는데, 장·단조의 선율에서 시작하여 가까운 조성으로 전조되는 선율, 단순한 리듬에서 점차 복잡한 리듬, 그리고 음정 등을 부르고 들을 수 있는 능력을 배양한다. 또한 재즈연주를 위한 수업으로 각 악기들이 독주 형식으로 나타날 때와는 다르게 서로의 소리를 들으면서 조화를 이루는 합주 능력을 기르기 위한 앙상블 수업도 마련되어 있다. 실용음악의 한 분야인 가요, 뮤지컬음악, 광고음악, 방송음악의 영역에서는 가사가 필요한 부분도 있다. 학생들은 실용음악 가사론을 통해 악곡에 맞고 느낌과 분위기를 표현하는 직접적인 수단으로서의 가사의 작법에 대해 배울 수 있다.

실용음악과에서는 컴퓨터를 이용하여 기본적인 소리에서부터 그 소리를 믹스한 다양하고 복잡한 음색까지 창작할 수 있다. 미디 오케스트레이션을 통해 컴퓨터음악(미디)의 기초부터 곡을 창작하는 단계까지 배우게 된다.

또한 실용음악과에서는 실용음악의 더욱 많은 경험을 위하여 특별히 블루스 리듬, 라틴음악에 대해서 집중적으로 공부한다. 학교에 따라서는 '리듬 연구' 또는 '리듬 클래스'라는 과목으로 불리기도 하는데 재즈연주에 있어서의 리듬과 리듬감 훈련에 필요한 수업이다. 실용음악 전공생들은 졸업할 때 독집 음반을 최소 1장 이상 제작하도록 한다. 이는 인터넷 시대의 요구에 부응하고 학생들의 음악 콘텐츠 자기 제작 능력을 향상시키기 위해서이다.

졸업과정으로서, 졸업 후 현장에의 실제적 적용을 위하여 리코딩 기법을 공부한다. 실용음악의 작곡과 편곡을 위해서는 세계음악 시장의 흐름과 동향을 알아야 한다. 월드뮤직 수업을 통해 각 나라의 민속음악과 이들을 이루는 배경들을 기초로 하여 세계의 음악을 이해하고 공부할 수 있다. 실용음악을 창작하고 연주하는 것 이상으로 소비자를 위한 유통과 음악마케팅도 중요하다. 이에 관심 있는 학생들을 위해 실용음악과에서는 뮤직비즈니스 클래스 수업이 마련되어 있다. 음악시장에서의 출판, 저작권, 공연, 매니지먼트, 음반 산업 분야에 대해서 공부할 수 있다.

## 컴퓨터로 부르는 음악

20세기의 현대음악에서, 특히 1950년 이후부터 1970년대까지 다양하고 실험적인 시도들이 나타났다. 그중 테이프 레코더 음악(Tape Recorder Music)이라고 하여 녹음한 소리들을 서로 겹치거나 테이프의 회전 속도를 빠르거나 느리게 조절하여 다양한 형식의 소리로 만들어 냈다. 이러한 방식이 발전되어 현재의 컴퓨터음악으로 발전하게 되었다.

1957년 미국 뉴저지 주의 전화 회사의 연구소(Bell Telephone Laboratory)에서 처음으로 컴퓨터를 사용해서 소리를 합성하였다. 맥스 매튜라고 하는 연구원이 전화통신을 위한 컴퓨터 장비를 개발하기 위해서 이 연구소의 음향 연구 부서에 들어갔다. 맥스는 통화음질을 테스트할 목적으로 소리를 컴퓨터로 녹음하고 다시 재생시키기 위한 변환장치를 만들었다. 그 후에 컴퓨터로 소리를 재생할 수 있으면 음악을 연주하는 프로그램도 만들 수 있을 거라고 생각하여 다른 연구원들과 함께 프로젝트를 진행하여 첫 번째 소리 합성 프로그램인 'MUSIC I'를 만들었다.

이 프로그램을 사용하여 만들어진 최초의 음악은 뉴먼 거트먼이란 음향학자가 만든 'In the Silver Scale' 이란 17초짜리 작품이었다. 초기의 프로그램은 매우 단순했으나 단계적이고 과학적인 발전을 거듭하면서 'MUSIC II', 'MUSIC III', 'MUSIC IV'를 만들어 냈다. 그러면서 다른 여러 연구단체와 대학들과의 작업을 통해서 현재 'MIDI'로 대표되는 컴퓨터음악의 발전에 기초가 되는 중요한 작업들을 수행하였다.

컴퓨터음악은 쉽게 말해서 '컴퓨터를 이용한 미디음악' 이라고 말할 수 있다. 따라서 컴퓨터음악을 잘하기 위해서는 컴퓨터와 사용할 미디기기(하드웨어)도 알아야 하고 그것을 컨트롤하는 소프트웨어도 잘 다뤄야 한다. 다시 말하자면 컴퓨터음악 전공을 위해 갖추어야 할 기본 장비인 컴퓨터, 미디 인터페이스, 음원모듈, 마스터키보드 등과 보조 장비인 앰프와 스피커, 오디오믹서, 이펙트 등을 잘 알아야 한다. 또 미디 소프트웨어의 종류 등 어떻게 구성되는지에 대하여 잘 이해하고 있어야 한다.

컴퓨터음악을 전공하기 위해서 무엇보다도 중요한 건 음악이다. 기본

적인 음악이론과 각 악기들의 특성과 음역 정도는 알고 있어야 한다.

요즘에는 피아노, 기타, 드럼과 같이 자체 음원을 가지고 있는 소프트웨어로 구동되는 가상악기인 VSTi와 외장악기나 이펙트들이 소프트웨어 방식인 VST나 플러그인으로 제공되고 있다. 실제의 악기 사운드를 낼 수 있기 때문에 편리하게 사용할 수 있다.

또한 대중가요뿐만 아니라 클래식, 재즈 등 다양한 장르의 음악도 알고 있어야 한다. 이런 음악적 지식뿐만 아니라 시대가 발달함에 따라 영상이나 음악 등의 다양한 디지털 매체들이 어떻게 변해가는지 분석해 내는 능력도 필요하다. 시대는 변해가는데 생활 속에 쓰이는 영상, 음악적인 기술은 변하지 않고 그대로라면 대중들이 원하지 않을 것이다. 시대의 변화에 따라 영상, 음악 시장이 어떻게 변해가는지 분석할 수 있는 능력이 갖춰져야 음악과 음반 기획과 제작, 컴퓨터 게임과 광고음악과 같은 멀티미디어 제작 등이 가능할 것이다.

컴퓨터음악 장비가 발달함에 따라 놀라운 기능들을 수행하게 되었다. 어떤 것들이 있는지 살펴볼까? 먼저 목소리를 변화시키는 이펙터를 사용하면 남자의 목소리를 여자 목소리처럼 만들어 주는 효과를 낼 수 있다. 또한 TV에서 보는 것처럼 익명으로 인터뷰할 때에 얼굴에 모자이크 처리하고 목소리를 변조하는 것도 가능하다.

애니메이션을 볼 때 들었던 괴물이나 로봇

의 목소리를 떠올려 보자. 성조의 높이가 거의 일정하여 감정이 없는 것처럼 느껴지지 않았는가. 이것은 보크더(Vocoder)라는 플러그인을 이용해서 사용하여 만들어 낼 수가 있다. 보크더는 원래 전화기에서 소리를 효과적으로 전달하기 위해 사용한 음성의 압축 기술인데 이를 음악적으로 이용하면서 여러 가지 기술이 추가되어 더욱 다양하고 특색 있는 기능을 가질 수 있게 되었다. 이를 이용해 괴물이나 로봇 등의 목소리를 흉내 낼 수 있다. 애니메이션뿐만 아니라 외화 등의 더빙에도 사용되는데 영상의 입 모양과 더빙된 소리의 타이밍을 정확히 맞추도록 도와주는 기능도 있다.

또한 노래나 악기연주의 음정의 미세한 조정이나 음의 길이 조정도 가능하다. 이 기능은 연주 녹음 시 많이 이용되는데 작은 실수로 음정이 안 맞았을 경우 어느 정도는 조정할 수 있다.

게다가 음악과 더불어 영상도 여러 가지 효과적인 변형이 가능하다. 요즘은 재미난 내용의 UCC를 제작하기도 하는데 기술과 음악, 그리고 영상의 합작품이라 할 수 있겠다. 소리와 영상을 통해 사람과 사람 사이에 감동을 전달하는 작품을 만들어 낼 수 있는 것이다.

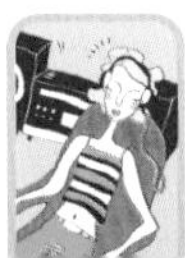

## 컴퓨터음악 전문 미디음악가 장태화

스튜디오를 운영하며 미디음악 전문 서적을 펴내고, 후진을 양성하고 있는 미디음악가 장태화. 그는 어떻게 컴퓨터음악을 공부하게 되었을까?

중학교 때 선배에게 기타를 배우면서 처음으로 음악을 접했다고 한다. 여러 음이 화음이 돼서 아름답게 울리는 기타에서 초등학교 때 배운 단음 리코더와는 또 다른 감동을 느낀 장태화는 틈만 나면 기타를 머릿속으로 상상하며 연주하는 시늉을 하다 혼난 적도 있다고 한다.

20대 초반에 여러 악기를 녹음하고 싶다는 생각에 당시 홈레코딩 기기였던 MTR을 구입하였는데 카세트테이프를 4트랙으로 나눠 녹음하는 방식이라 여러 번 다시 녹음하면 테이프가 늘어나 처음부터 다시 녹음해야만 했다. 트랙도 한정적이고 녹음질도 좋지 않아 다른 방법을 찾던 중 우연히 보게 된 외국잡지의 기사를 보고 흥분하였다. 그 내용은 혼자서도 원맨밴드는 물론이고 오케스트라음악을 만들 수도 있다는 미디 관련 기사였다.

당시만 해도 한국의 미디시장은 초창기였고 판매하는 업체도 제한적이어서 외국에서 직접 장비를 구입해야만 했다. 그 비용을 마련하기 위해 운

영 중이던 학원을 팔고 이리저리 돈도 빌려야만 했다. 그렇게 힘들게 시작한 컴퓨터음악이었지만 너무 흥미롭고 신기해서 한동안 집 밖을 나오지 않았다고 한다.

필요에 의해 적성이 개발되고 능력이 발휘된다. 자신이 필요하고 갈구하는 것들이 해결될 때 재미를 느끼고 더욱 집중하게 되며 시간이 지나면서 자기만의 노하우가 생기고 경력이 쌓인다. 그는 컴퓨터음악을 전공하려면 무엇보다도 음악에 대한 전반적이 지식과 음악을 좋아하는 순수한 마음과 열정이 필요하다고 말한다. 그 마음만 있다면 재미있게 일을 즐길 수 있는 재능이 생기고 센스 있는 아이디어가 많이 나오게 되므로 좋은 곡이 완성될 것이라고 한다.

## 시대별로 알아보는 재즈의 형식

미국의 남북전쟁 이후 노예로 끌려온 흑인과 혼혈인들 사이에서 발생된 재즈는 1920년대부터 뉴 올리언즈(New Orleans)에서 전문 음악가들이 본격적으로 연주하기 시작했다. 즉 재즈의 발생지는 미국 루이지애나 주의 뉴 올리언즈라는 도시로 알려졌으며 이때부터 재즈가 가장 활발히 연주되고 발전되어 왔다.

뉴 올리언즈 재즈라고도 불리는 초기의 재즈 형식은 주로 노래를 부르는 형태였으며 블루스 리듬, 거친 음색, 기본 박자를 무시한 리듬과 악센트를 주로 사용하여 즉흥연주를 하였다. 많은 음악가들이 활동했지만 우리에게는 루이 암스트롱과 엘라 피츠제럴드라는 재즈 가수가 잘 알려져 있다.

1930년대에 재즈는 대중들에게 선풍적인 인기를 끌었다. 우리가 영화에서 볼 수 있는 재즈밴드가 흥겨운 연주를 하고 춤을 추는 음악들이 이 시대의 재즈 음악들이다. 1917년 세계 제1차 대전이 일어나면서 뉴 올리언즈가 중요한 해군기지로 되면서 많은 음악가들이 북쪽 도시인 세인트루이스, 캔자스, 시카고로 이주를 하였다. 그중에서 시카고에 많은 음악가들이 이주하여 활동하면서 '시카고 재즈'라는 형식을 탄생시켰다. 시카고 재즈는 집단 즉흥연주보다는 솔로의 연주가 중요시되었으며 화성감을 강조하였고 뉴 올리언즈 시대의 2박자 재즈에서 4박자 재즈로 발전하면서 율동감

과 활기가 넘치는 '스윙' 형식을 만들었다.

1940년대의 재즈는 '비밥(Bebop)'이라고 불렸는데 재즈를 노래할 때 사람들이 '비비비 밥', '비밥 비밥' 하는 소리에서 유래되었다. 비밥은 음악이 빠르게 진행되면서 다양한 코드진행과 뛰어난 즉흥연주가 그 특징이다. 찰리 파커라는 작곡가가 유명하며 수준 높고 열정적인 재즈곡들이 많이 작곡되었다. 그러나 비밥 재즈는 독창적인 성격도 강하고 율동감도 별로 없어서 대중들에게 큰 인기를 끌지는 못했다. 그러나 독창적인 예술성은 재즈의 역사에서 매우 중요한 위치를 차지한다.

1950년대는 '쿨 재즈(cool jazz)'의 시대라고 불리며 이전 시대의 빠른 템포, 다양한 코드진행과는 달리 느리고 여유 있게 연주한다. 부드러운 음색, 선율의 움

미리 체험하는
생생한 음악 전공 이야기

직임이 느리고 서정적 표현이 많다. 스탄 겟츠나 마일즈 데이비스가 쿨 재즈로 대표되는 연주가들이다.

그 이후에는 '프리 재즈'라는 형식으로 모든 전통적인 원칙과 규칙을 파괴한 자유스럽고 유동적인 음악형식으로 발전한다. 음악적 특징은 정해진 조성이나 미리 결정한 코드진행 없이 커다란 틀 안에서 즉흥으로 집단연주를 하는 것이다. 즉 연주자들이 주관적으로 그들의 감정과 아이디어를 표현하는데 이는 마치 서로 자유롭게 이야기하는 것 같다.

## 세계 음악 축제 속으로~! Go, Go!

해마다 정기적으로 열리는 음악축제들이 있다. 자신의 나라에서 태어난 음악가를 기리기 위해 음악가의 탄생일 혹은 서거일에 맞춰 열리는 축제도 있고, 그 도시의 아름다운 특유의 분위기를 살려 개성있는 축제로 가꾸어가는 곳도 있다. 수많은 음악축제들을 만나보자.

### 이탈리아 베로나 오페라 축제

1913년 8월 10일에 처음 열린 이 축제는 매년 여름 로마시대의 원형극장인 아레나극장에서 개최된다. 아레나 극장은 투기장으로 건설된 것이었는데, 베로나 출신 오페라 가수인 제나텔로와 극장 기획자 로바토가 베르디 탄생 100주년을 기념해 이곳에서 첫 공연을 연 것을 계기로 알려지게 되었다.

여름 오페라 축제의 대명사가 된 베로나 오페라 축제는 해마다 조금 다르지만, 보통 6월 말에서 8월 말에 열린다. 로미오와 줄리엣의 비극적인 사랑 이야기의 배경이기도 한 도시 베로나는 낮에 너무 더워 공연은 매일 밤 9시에 시작된다.

《아이다》,《리골레토》,《라 트라비아타》,《나부코》,《투란도트》,《라보엠》 등 이탈리아의 대표적인 오페라 작곡가인 베르디와 푸치니의 작품을 중심으로 연주되며, 대형 오페라의 감동을 느끼기에 충분하다.

### 오스트리아 브레겐츠 페스티발

오스트리아에서 열리는 이 축제는 역사는 짧지만, 유럽 최고의 호수 축제로 명성이 자자하다. 유럽 중부에 위치한 거대한 보겐 호수 위에 특별한 무대를 설치하기 때문에 음악을 사랑하는 사람들뿐만 아니라 무대 미술, 영상 등에 관심이 있는 예술인들에게도 손꼽히는 축제다. 1945년에 처음 시작된 이 축제는 자연과 어우러진 아름다운 무대와 멋진 공연으로 인해 잘츠부르크, 바이로이트에 이어 세계 3위를 자랑하는 세계인의 음악축제로 자리매김했다.

### 독일 바이로이트 페스티벌

매년 독일 바이로이트에서 열리는 이 음악축제는 19세기 독일의 작곡가 리하르트 바그너를 기리기 위한 축제다. 그래서 여느 음악축제와 달리 오직 바그너의 작품들만 연주되는 것은 물론 축제가 열리는 곳도 세계 유일의 바그너 전용 극장인 '리하르트 바그너 축전 극장'이다. 당시 바그너는 자신의 악극만 엄숙하게 올려질 수 있는 전용극장을 원했고, 그의 열성 팬이자 후원자이기도 했던 바이에른 왕 루드비히 2세의 원조에 힘입어 스스로 계획하고 실행한 꿈의 극장이다.

1876년 8월 13일 《니벨룽겐의 반지》의 초연으로 축제극장 개장 기념공연이 열렸고, 이것이 오늘날의 바이로이트 축제로 이어지고 있는 것이다.

### 스위스 취리히 페스티벌

스위스 제1의 도시인 취리히에서는 1년 내내 크고 작은 다양한 축제들이 열린다. 그중 가장 대표적인 축제가 여름에 열

리는 취리히 음악 페스티벌이다. 발레, 오페라, 콘서트 등 다채로운 행사가 곳곳에서 열리며, 아름다운 호숫가에 자리 잡은 오페라하우스에서 열리는 공연은 매우 감동적이다.

### 체코 프라하의 봄 축제

'프라하의 봄'이라 불리는 프라하 5월 음악축제는 1946년 체코 필하모니 창단 50주년에 맞추어 시작되었다. 1968년이나 1989년의 정치적 격동 속에서도 계속 개최되어 체코인뿐만 아니라 전 세계인들의 사랑을 받고 있다. 전통적으로 프라하의 봄 음악축제는 체코가 낳은 위대한 민족 음악가 스메타나의 서거일인 5월 12일을 기념하는 날에 그의 교향시 〈나의 조국〉을 공연함으로써 시작된다. 6월 말까지 한 달 이상 진행되는 이 축제에서는 교향곡, 실내악 연주 등 다양한 콘서트와 오페라 등이 개최된다.

### 프랑스 몽펠리에 페스티벌

이 축제는 원래 무용 페스티벌이었는데, 최근에 고전음악을 중심으로 한 새로운 종합예술제로 도약하여 20여 년의 짧은 역사에도 불구하고 세계적인 축제로 자리매김했다.

몽펠리에 페스티벌의 특징은 세계 초연작들을 중심으로 새로운 무대를 선보인다는 것이다. 그 어느 곳에서도 만날 수 없었던 작품들이 새로운 방법으로 무대에 올려진다. 우리나라의 유명한 지휘자 정명훈이 이끌던 라디오 프랑스 필하모니 오케스트라를 중심으로 오페라, 실내악, 리사이틀 등 연주회와 전

미리 체험하는
생생한 음악 전공 이야기

시, 연극, 재즈 등 다양한 행사를 만날 수 있다.

**그 밖에 어떤 축제가 있을까?**

**독일** 본 베토벤 페스티벌 / 데사우 쿠르트 바일 축제 /도나우에싱겐 현대음악 페스티벌 / 드레스덴 음악 페스티벌 / 라이프치히 재즈 축제 / 바흐 페스티벌 / 라인가우 음악축제 / 레버쿠젠 재즈 페스티벌 / 루르 피아노 페스티벌 / 뮌헨 오페라 페스티벌 / 키싱겐 여름 음악축제 / 바이마르 예술 페스티벌 / 베를린 재즈 페스티벌 / 슈베칭거 음악 페스티벌 /ECLAT 스투트가르트 현대음악 축제 / 도나우 강변의 재즈 페스티벌 / 아우크스부르크 모차르트 페스티벌 / 하이델베르크 음악 페스티벌 / 헨델 페스티벌

**스위스** 루체른 페스티벌 / 몽트뢰 재즈 페스티벌

**스페인** 그라나다 음악 춤 페스티벌 / 산탄데르 국제 페스티벌

**오스트리아** 뫼르비슈 오페레타 페스티벌 / 장크트마르가레텐 페스티벌 / 스타이리안 가을 페스티벌 / 비엔나 재즈 페스티벌 / 슈베르트 페스티벌 / 인스브루크 고음악 축제 / 잘츠부르크 페스티벌

**이탈리아** 라벤나 페스티벌 / 토레델라고 푸치니 페스티벌 / 페사로 로시니 페스티벌 /피렌체 5월 음악제

**프랑스** 프랑스 엑상프로방스-엑상프로방스 페스티벌

**미국** 브로드웨이 온 브로드웨이

TTING!
DDING!
TTANG
DDONG!

# 미래를 상상하다

# 음악학 전공생들은
# 졸업 후 어떤 일을 할까?

앞에서 음악학도들이 무엇을 배우는지 알아보았다. 자, 이제부터 음악학을 전공하면 어떤 일을 할 수 있는지 알아볼까? 음악학이 발전하면서 그 직업도 점점 다양해지고 세분화되었다.

## 작곡가

작곡을 전공하고 다양한 악곡을 만들어 내는 직업이다. 서양음악 작곡, 국악 작곡, 실용음악 작곡 등의 여러 분야가 있고 기존의 곡을 편곡하기도 한다. 예를 들어 교회 찬양대에서 성가곡을 오케스트라와 함께 해야 할 경우 합창과 피아노 반주로 되어있는 악보를 오케스트라 반주로 편곡해야 한다. 과거에는 일일이 손으로 악보를 그렸지만 요즘은 컴퓨터의 악보 사보프로그램(피날레, 시벨리우스)을 이용해 손쉽게 그릴 수 있다. 영화음악, 극음악, 무용음악, CF음악 등의 다양한 분야의 음악을 작곡하는 일을 할 수 있다.

## 지휘자

작곡을 전공하거나 피아노 등의 악기를 전공하고 다시 지휘를 공부하는 사람이 많다. 곡의 구조나 악기의 특성 등을 잘 파악할 수 있기 때문이다. 오케스트라 지휘와 합창 지휘로 나눌 수 있는데 합창 지휘는 성악을 전공한 후에 하는 것이 좋다. 지휘자는 앞에 서서 박자만 맞춰주는 사람이 아니기 때문이다. 훌륭한 지휘자는 귀가 좋아야 하는데, 각 악기가 내는 소리의 음을 정확히 알고 여러 악기들의 소리를 멋있게 조합해서 좋은 하모니를 이루어 낼 수 있어야 한다. 좋은 지휘자가 지휘하는 오케스트라의 음악을 들으면 지휘자의 지휘봉 끝에서 음악이 흘러 나오는 듯한 착각을 하기도 한다.

## 연주자

서양악기나 국악기 또는 실용악기(전자악기)를 전공하고 그 분야의 연주자가 된다. 실력이 뛰어나면 독주자로 주목을 받아 연주여행을 다니게 된다. 연주자들끼리 실내악단이나 그룹을 조직해 연주하기도 한다. 재즈 그룹은 곡의 뼈대만 정해놓고 즉흥연주를 해 감동을 불러일으키는데, 이렇게 되기까지는 뛰어난 음악적 재능과 철저한 훈련이 필요하다. 연주자들은 대개 학생을 가르치는 일을 겸하는데 대학이나 예술중고등학교의 강사를 하거나 음악학원에서 가르치기도 한다. 오케스트라나 국악교향악단, 방송교향악단의 단원으로 일하는 사람도 있다.

## 음악기획가

음악 관련의 경영에 속하는 것으로 음악기획가는 음악회 등을 기획해서 치러내는 모든 과정을 담당한다. 유명 연주자 섭외, 연주장소 대관, 포스터 제작, 홍보, 티켓제작 판매, 초대권 발송, 현장에서 티켓판매, 무대진행, 사진과 비디오 촬영, 리셉션 등의 모든 과정의 진행을 담당한다. 개인 연주자도 음악기획사를 통해 일을 진행하면 음악 외적인 일에 시간을 뺏기지 않고 연주회 준비에 집중할 수 있다.

## 음악평론가

작곡이나 음악이론을 전공하고 연주자들의 음악을 평하는 사람을 말한다. 음악에 관해 해박한 지식뿐 아니라 연주자들의 연주를 판단할 수 있는 전문적인 능력이 있어야 하며 인문학적 사고력이 요구된다. 관중과 더불어 음악평론가들이 있으므로 전문연주자들의 연주가 더욱 발전할 수 있게 된다. 음악평론가는 실황연주뿐 아니

라 음반의 해설과 비평도 할 수 있다.


## 음악교육가

공교육에서의 음악교사는 각 분야의 음악을 전공한 사람이다. 기악이
나 성악, 작곡 등을 전공하고 교사자격증을 얻어야 한다. 주요과목이
아니기 때문에 기간제 교사로 일할 수도 있다. 사교육에서의 음악 교
육은 음악의 전공 분야가 많은 만큼 다양하게 이루어지고 있다. 태교
음악과 더불어 어려서부터 음악 감수성을 발달시키는 유아음악 교육
이 음악 조기교육에 큰 몫을 차지하고 있다. 다양한 프로그램들이 각
각의 특성을 가지고 운영되고 있다. 일정기간 교육을 받고 실력을 인
정받으면 강사로 일할 수 있다. 여러 가지 악기 교육은 사설학원이나
개인적으로 이루어지고 있는데 각 분야의 연주자들이 교육을 겸하는
경우도 많다.

피아노교육의 경우, 약 10년 전부터 선진국의 피아노페다고지(피아노
교수법)가 들어와 가르치는 과정을 구체적으로 연구하고 있다. 또한
평생교육원과 연계해 페다고지 전공생들이 실습할 수 있는 어린이 음
악원과 피아노교사 재교육 프로그램 등을 운영하기도 한다.


## 컴퓨터음악 전문가

실용음악 분야의 전문가로서 다양한 음악을 컴퓨터 작업으로 만들어
낸다. 영화음악, 게임음악, 광고음악을 만들거나 기존 음악의 편곡을

통해 다양한 악기 편성으로 재탄생시키기도 한다. 전자악기에 대한
기초적 지식이 있어야 하며 다양한 상황에 어울리는 소리를 찾아내는
감각이 뛰어나면 더욱 유리하다.


## 녹음과 음반제작

연주자들이 연주하는 음악을 음악회장이나 스튜디오에서 녹음해서
음반으로 만들어 내는 직업이다. 좋은 기계가 필요하고 연주자들의
작은 실수들을 고칠 수 있는 미세한 작업이 필요하므로 음악가 못지
않게 좋은 귀가 필요하다. 여러 가지 기계작업을 거쳐 곡의 음색과 소
리를 전체적으로 균형 잡히도록 통일해 듣기 좋게 만드는 것을 마스
터링이라 한다.


## 악보 인쇄, 출판

연주자들에게 꼭 필요한 악보를 보기 쉽게 만들어 내는 일이다. 악보
사보, 악보 편집, 악보 편곡, 악보 해설 등의 일을 음악
전공자가 할 수 있다. 또한 외국 음악교재나 레퍼
토리를 들여와 번역해 출판하기도 한다. 아이들
교재의 경우 보기에 예쁘고 흥미로워야 하므로
음악과 연결되는 애니메이션이 많이 추가되기
도 한다.
또한 음악전문 잡지나 신문 등의 음악면을

미래를 상상하다

담당하는 기자로 일할 수도 있다. 음악적인 전문지식이 많고 글쓰기에 재능이 있으면 유리하다.

## 악기제작과 수리

피아노는 공장에서 생산되고 정기적으로 조율을 해주면 크게 고장 나는 일은 없지만 현악기나 관악기 등은 잔손이 많이 간다. 활털도 제때에 갈아줘야 하고 현을 지지하고 있는 브리지 등 소모품 간간이 교체해 주어야 한다. 악기 전공자들이 전공을 바꿔서 악기제작이나 수리를 공부하는 경우가 많고 현악기의 활만을 전문으로 제작 수리하는 사람도 있다. 국내에는 몇몇 대학의 평생교육원에서 교육하고 있지만 이론교육과 더불어 실제 현장에서의 도제교육이 더욱 효과적이라고 한다. 명품 악기(스트라디바리, 과르넬리, 아마티)의 원산지인 이탈리아 크레모나 지방이나 독일, 미국, 일본 등으로 유학을 가기도 한다.

## 음악치료사

음악으로 환자들을 치료하는 직업이다. 많은 관심과 애정이 필요한 환자들을 상대해야 하므로 희생정신과 인내심이 필요하다. 성격은 활달한 편이 좋으며 하나 이상의 악기를 연주할 수 있어야 한다. 또한 음악치료사는 단순한 음악 감상이 아니라 음악을 매체로 적극적인 심리치료를 하는 직업이기 때문에 심리학적인 지식도 갖춰야 한다. 이들은 노래 부르기, 작곡, 연주 등 과학적이고 체계적인 방법으로 사람들을 치료하며, 치료팀의 일원으로 장애아동, 정신질환자, 치매노인, 불안증 환자 등이 있는 병원이나 장애기관, 복지관, 특수학교, 요양원, 실버타운, 개인 연구소 등에서 일한다.

환자뿐만 아니라 일반인들에게도 음악을 통해 스트레스를 이기게 해주고 문제해결 능력을 키워줄 수 있으므로 기업들의 직원연수에 음악치료사를 초청하기도 한다.

명지대, 숙명여대, 이화여대, 한세대 등의 대학원에 음악치료사 과정이 있고 음악치료 분야에서 앞서가는 미국, 영국, 호주, 캐나다 등으로 유학을 떠나기도 한다.


## 피아노 조율사

피아노를 항상 최고의 상태로 유지하기 위해서는 바람직한 환경을 만들어 줘야 한다. 또한 실력 있는 조율사의 정기적인 조율과 점검이 필요하다. 피아노 한 대는 88개의 건반과 약 6,200개의 부품으로 이루어져 있다. 피아노의 현은 전체적으로 약 20톤의 장력을 갖고 있으므로 시간이 지나면서 현이 늘어나 음이 변하게 되고 지나치면 악기의 손상에 이르게 된다. 조율사는 음을 맞추는 것뿐 아니라 수많은 부품의 미세한 조정, 수리까지 해야 하므로 장기간에 걸친 귀와 손동작의 훈련이 필요하다. 피아노를 배운 경험이 있으면 다소 유리한 점도 있지만 필수조건은 아니다. 자격시험은 산업기사시험과 기능사시험으로 분류되어 있는데 악기의 구조, 음향학과 조율, 피아노 조정 및 수리의

필기시험과 피아노조율 실기시험을 거쳐야 한다. 피아노 제조공장이나 대리점 등에 취직하기도 하고 개인사업자로 일할 수도 있다.

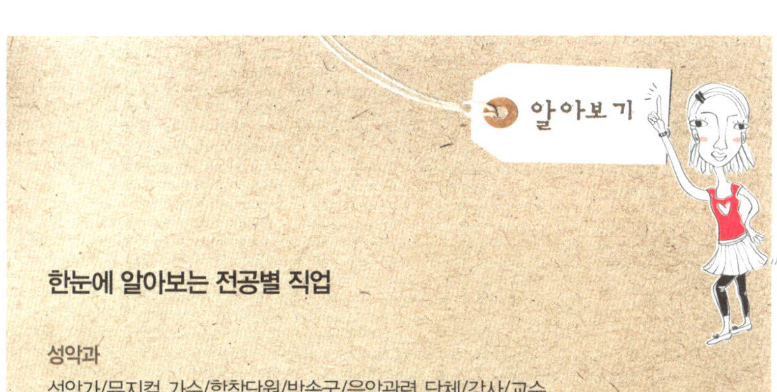


**한눈에 알아보는 전공별 직업**

**성악과**
성악가/뮤지컬 가수/합창단원/방송국/음악관련 단체/강사/교수
**작곡과**
작곡가/강사/교수/지휘자/방송음악/음악전문MC/음악방송PD/음악연출가/무용음악가/극음악가/영화음악가/CF전문음악가/음악평론가/음악잡지기자/음악전문사이트 기획/공연기획자 및 연출자
**피아노과**
피아니스트/음악잡지 기자/강사/각종단체반주자/피아노 학원 운영/피아노교재 편찬
**관현악과**
오케스트라 연주자/지휘자/독주 연주자/강사/교수/초·중학교 특별활동 강사/악기수리 및 제작자
**실용음악과**
연주자/가수/뮤지컬 배우/작·편곡가/사운드 디자이너/녹음실 레코딩 엔지니어/음반기획자/공연기획자/음원 저작권 담당/음악카피스트/강사/교수
**국악과**
국악연주단체 단원/교수/교사/강사/연구원

- 사운드 디자이너란 영상매체에 쓰이는 효과음을 제작하는 사람이다.
- 음악 카피스트는 작곡가나 편곡자가 만들어 낸 악보를 정리하여 연주할 수 있는 완성된 상태로 만드는 사람이다. 영화 『카핑 베토벤』에서는 역사상 가장 위대한 교향곡으로 손꼽히는 《9번 합창 교향곡》 탄생 뒤에 숨겨진 비밀의 여인 안나 홀츠를 카피스트로 설정해 놓았다.

# 세계적인 음악가들을 배출한 줄리아드 음대



세계를 무대로 활동하고 있는 음악가 정명훈, 백건우, 신영옥, 강동석은 줄리아드 음대를 졸업했으며 이 외에도 많은 학생들이 세계 적인 음악가가 되기 위해서 줄리아드를 지원하고 있다. 한국의 음악 전공생들이 가장 유학가고 싶어하는 곳 중의 하나인 줄리아드 음대에 대해서 알아보자.

줄리아드 음대는 뉴욕의 맨하탄, 그중에서도 중심지인 링컨센터에 자리 잡고 있는데 그 곳에는 메트로폴리탄 오페라 하우스(Metropolitan Opera House), 에이버리 피셔 홀(Avery Fisher Hall), 뉴욕 시티 극장 (New York State Theater), 비비안 버몬트 극장(Vivian Beaumont Theater)같은 유명한 공연예술 극장이 있다. 이는 예술을 하는 학생들 에게 다양한 공연 예술을 접하게 하는 것과 동시에 줄리아드에서 교 육받은 인재들을 바로 공연예술 센터로 연결하려는 목적도 있다. 학교, 지역, 사회의 연결고리가 매우 잘 형성된 경우라 할 수 있다.

미래를 상상하다

미국은 유럽의 컨서바토리와 경쟁할 수 있는 학교를 만들고자 1905년 줄리아드 음악학교를 설립하였다. 줄리아드 음대는 시대를 거듭하며 무용과, 줄리아드 스트링 콰르텟, 연극과가 생겼으며 현재 Dance, Drama, Music이라는 3개의 큰 공연예술 과목으로 세계적인 명성을 떨치고 있다. 음악과 학위 과정은 줄리아드 학교에서 가장 규모가 크며, 학생들 수준과 요구에 맞는 다양한 커리큘럼을 제공하고 있다.

**음악학사 학위 전공**
작곡/성악/현악/관악/피아노/오르간/하프시코드

**전문가 과정(디플로마)**
학위 없이 전문 연주가 코스를 이수하는 것으로 3년 과정으로 되어 있다. 신입생은 학장과 입학 위원회의 추천을 받아 등록할 수 있다.
작곡/성악/현악/관악/피아노/오르간/하프시코드

**대학원(음악석사)**
음악석사 과정은 최소한 2년에서 4년 안에 학위취득을 해야 한다.
반주/지휘/작곡/성악/현악/관악/피아노/오르간/하프시코드

**대학원(음악박사)**
가장 상위 단계 과정으로 최소 2년에서 5년 내에 완료되어야 한다.
반주/지휘/작곡/성악/현악/관악/피아노/오르간/하프시코드

줄리아드 학교의 부총장은 가정 형편이 어렵더라도 재능이 있는 학생은 얼마든지 신입생으로 환영한다고 밝힌 바가 있다. 줄리아드의 학비는 연간 2만 3,000달러(한화 2,600만 원) 정도이지만 실제로 줄리아

드 학생의 75% 정도는 장학금의 혜택을 받고 있다고 한다. 학비대출까지 포함하면 90%의 학생들이 혜택을 받고 있는 것이다. 그렇기 때문에 재능 있는 많은 외국인 학생들이 유학을 가서 공부할 수 있다. 실제로 전체의 35%가 외국인 학생들이며 그 출신지만 해도 45개국에 이른다고 한다. 그중 10%가 한국인 학생들이며 최근 몇 년간 줄리아드 학교에서 학부와 석사과정 수석 졸업생의 영예를 한국인 학생이 차지해 줄리아드 내에서도 한국인의 위상을 보여주고 있다.

줄리아드 학생이 되면 세계적으로 유명한 교수들에게 사사할 수 있는 것은 물론 메트로폴리탄 오페라, 뉴욕 필하모닉, 뉴욕시티 발레, 링컨센터에서 하는 모든 공연을 무료로 또는 할인받아 볼 수 있다. 학생들 대부분은 레슨, 연습, 리허설을 하면서 개인적인 재능을 키워가는 동시에 조직이나 문화이벤트에 참가하여 지역사회를 위해 봉사활동을 한다.

이처럼 줄리아드 학생들은 학생 때부터 자신들이 가진 재능을 사회에 헌신하여 청중에게 감동을 줄 수 있는 역할을 하며 내적으로도 성숙한 음악가, 연주가, 예술가가 되기 위해 노력하고 있다.

**작곡과 피아노 부문에서** 세계적인 명성을 지닌 프랑스 국립음악원에 입학하기 위해 매년 프랑스의 작은 도시나 도립 콘서바토리에서 많은 학생들이 지원하고 있다. 외국인을 위한 입학정원은 따로 정해져 있으므로 외국인끼리 경쟁을 하게 된다. 두 차례에 걸쳐 실기시험을 보는데 각 학과에 따라 시험절차와 제한연령이 다르다. 그러나 보통 1차 예선 때는 지원자의 수준을 시험하는 선택곡을 연주하게 되며 2차 시험에서는 국립음악원에서 지정하는 곡목을 준비하여 연주하여야 한다.

유럽, 특히 프랑스에서 음악을 공부하고 싶은 학생이라면, 또 본인의 실력이 확실하다면 특차로도 입학할 수 있으나 일단 다른 지방의 콘서바토리에서 기량을 익힌 후에 국립음악원에 지원하는 것을 권유하고 있다.

기악과는 자기 전공 외에 솔페이지, 악보 분석, 실내악이 필수강좌이다. 성악과는 성악곡 분석을 필수강좌로 들어야 하며 배역연구, 실내악, 음성, 앙상블, 피아노, 무용, 펜싱, 외국어 같은 보충강좌를 들어야 한다.

전체적인 교육과정은 제1, 2기로 나누어지는데, 제1기 과정은 음악에 대한 기초강좌를 듣는 과정으로 1~3년이 걸리고 제2기 과정에서는 개인의 전공에 따라 2년이 소요된다. 제2기 과정 후 졸업이 가능하나 제3기 과정인 연주가 양성 과정도 있다. 이는 가장 재능 있는 학생들만을 선별하여 그들의 재능을 개발시켜서 국제음악 콩쿠르에 내보낼 학생들을 지도하는 것이 목적이다. 이 학교 졸업 콩쿠르에서 1등급을 받은 학생 중에서 선발된 극소수의 음악인들만이 자기가 선택한 교수의 지도를 받으며 공부할 수 있다.

# 음악, 퓨전을 꿈꾸다

**얼마전 우리나라 최초로** 우주에 첫발을 내디딘 이소연 씨가 큰 주목을 받았다. 과연 우주에서도 피아노 연주가 가능할까? 우주에는 중력이 없어서 둥둥 떠다닌다는데 이 문제를 어떻게 해결할 수 있을까? 우주에서처럼 날아다니며 연주할 수 있는 새로운 악기를 만들어야 하지 않을까? 우주에서 소리는 어떻게 전달될까? 그렇다면 피아노 테크닉 자체를 다르게 배워야 하나?

우주시대가 열리면서 음악 부문에서도 새로운 의문들이 제기되었다. 자, 그렇다면 미래의 음악은 어떤 모습일까?

앞으로 생명공학이 발전함에 따라 우리 몸의 장기들을 재생산할 수 있다고 한다. 그렇다면 수시로 자유롭게 음악적 패턴을 재배치해 계속적으로 새로운 음악을 만들어 낼 수 있는 우리 음악 분야는 실로 최첨단이라고 할 수 있을지 않을까? 음악은 꾸준히 자신의 영역을 확장하고 있다. 병원에서 수술 중에 수술 로봇과 함께 두려움을 덜어주는 음악치료 로봇의 출현은 먼 미래의 이야기만은 아닐 것이다.

영어를 음악과 함께 배우는 등 음악을 통한 언어 익히기나 음악으로 사람의 마음의 병을 치료하는 음악치료학, 미술이나 건축에서의 선과 면, 색과 공간의 리듬감으로 생동감을 주는 등 음악을 실생활에 적용할 수 있는 범위는 무궁무진하다. 이미 1963년 독일에서 미술가 백남준이 여러 대의 TV를 쌓아서 만든 비디오 아트를 시도해 세계미술계의 주목을 받았듯이 음악에도 새로운 분야의 접목을 통해 인간의 삶과 내면을 더욱더 잘 표현할 수 있는 방법들이 많을 것이다. 특히 음악의 실용적인 면이 크게 부각되면서 음악과 생명공학, IT, 영화, 미술, 건축 등 여러 분야의 융합이 가능하며 이로써 음악의 새로운 부가가치를 창출할 수 있다.

또한 세계화와 지역화의 합성어인 신조어 글로컬리제이션(glocalization, globalization+localization)이 '다국적 기업이나 외국계 기업의 현지화' 라는 뜻으로 쓰이듯이 음악에서도 서양음악을 우리 국민의 성향에 맞게 받아들이는 동시에 우리의 음악을 세계에 알리고 그들의 취향에 맞게 손질해 전파하는 등 서양음악과 우리음악을 접목하는 분야도 눈여겨볼 만하다.

# 정상경 선생님의 MTNA 참관기

## '함께'를 꿈꾸는 MTNA 컨퍼런스

2008년 봄, 여전히 겨울을 벗어나지 못하고 간간이 눈을 뿌려대는 미국 콜로라도 주 덴버에서 122번째 MTNA(Music Teachers National Association) 컨퍼런스가 열렸다. 미국과 캐나다에서 활동하는 음악 교육 전문인들이 모여 만든 MTNA가 벌써 100년의 역사를 훌쩍 넘겨 성장하는 동안 세계 각국의 음악인들이 동참하게 되었고, 음악 교육의 질적 향상과 시장의 확대를 위해 많은 발전과 변화를 주도하고 이끌어 가고 있다.

이번 2008년 MTNA 컨퍼런스의 핵심은 '함께'였다. 사회가 다원화되고 사람들의 인식과 기호가 변함에 따라 세계 모든 지역에서 서양음악교육 시장역시 변화해야 함을 세계 각국의 음악인들이 느끼고 있다. 이것은 한국 교육시장만의 문제가 아니며, 컨퍼런스에 참가한 모든 이가 공감하는 큰 흐름의 변화로 부각되었다. 그런 문제의식을 공유한 음악교육자들은 적극적인 변화를 추구하고 있었다. 과거에는 개개인의 연주력과 솔로 악기 연주, 개성에 맞는 개별 교육에 초점이 맞춰져 있었다면, 앞으로는 함께 나누는 음악, 하나의 악기연주보다는 여러 악기가 어우러진 연주, 규모가 크고 화려한 연주방식 등을 위한 새로운 접근 방식의 교수법이 많이 소개되고 토론이 진행되었다.

## 대중에 접근하는 음악 교육

음악 교육을 위한 곡의 장르를 선정할 때 클래식과 대중음악의 경계선이 모호해진 것은 벌써 오래전 일이다. 음악이라는 하나의 커다란 범주 안에서 서로 다른 음악 장르로서 함께 소개하고, 교육하고 있다. 게다가 일반 음악 교육은 처음부터 교육 대상이 일반인들이 주축이 되었기 때문에 세상의 흐름과 변화에 빠르게 순응하며 발전했지만, 악기교육, 특히 클래식 악기 교육에 있어서는 그렇지 못했다. 여전히 오랜 전통방식에 따라 많은 학생들이 교육받고 있고, 전공을 생각하는 학생이 아닌 이상 대부분 학생들의 희망 교육기간이 점점 짧아지고 있다. 게다가 전공을 희망하는 학생 수 또한 줄어들고 있기는 마찬가지이다.

다시 말해서, 전통방식을 고수하면서 전문 음악인을 길러내는 일만 한다면 생업을 이어가기에는 현실적으로 힘들다는 얘기다. 그래서 많은 음악 교육자들은 큰 시장 즉, 대중들에게로 시선을 돌리고 있다. 예전에는 어린 또는 젊은 학생들만 보였다면, 지금은 엄마 뱃속에 있는 태아부터 퇴직하고 남은 삶을 즐기고 있는 노년층까지 모두가 그들의 교육대상이 되었다.

## 새로운 교수법의 등장

엄청난 규모의 시장을 확보했지만, 그 시장을 어떻게 활용할 것인지는 교육자들이 그 대중을 어떻게 이해하고 접근하는지에 달려있다. 그런 공통적인 숙제를 가지고 이번 컨퍼런스에서 크게 두 가지의 가능성 있는 방법을 제시했다. '앙상블'과 '그룹피아노클래스'가 그것이다.

악기 하나하나를 다루는 연주자들은 솔로 연습 때보다 훨씬 적게 노력하고

미래를 상상하다

스트레스도 덜 받으며, 연주 때 효과는 배가 되는 결과를 얻을 수 있기 때문에 교육 받는 즐거움을 마음껏 누릴 수 있고 그로 인해 교육적 효과 또한 높일 수 있다. 또한 청각예술인 음악의 특성에 맞게 학생들로 하여금 훨씬 더 음악적으로 집중해서 듣게 하고, 함께 호흡할 수 있게 한다.

이러한 교수법 외에도 대중의 특성과 심리, 연령별 신체적 적응력과 습득속도 등을 연구해서 적용한 새로운 교수법이 쏟아지고 있다. 그러므로 교수법 분야의 발전과 연구의 필요성 역시 커지고 있다.

Opera House!
CAFE

# 김 교수님의 학문 이야기

1. 음악이 가져다준 삶의 기쁨

2. 음악의 향기로 넘치는 세상

3. 미래 음악학도를 위한 당부

# 음악이 가져다준 삶의 기쁨

세 살 반, 아직도 기억이 선명하다. 어머니의 손을 잡고 첫 번째 피아노 선생님과의 만남이 이루어졌다. 첫 번째 레슨 때 선생님께서 눈을 감고 마음으로 '도'를 상상하라고 하셨다. 그다음 마음속에서 들리는 도를 노래하라고 하셨다. 이제와 생각해 보니 선생님은 나에게 '음악공부는 실제 소리를 내기 전 마음으로 소리 없이 소리를 듣는 것부터 시작된다' 는 것을 가르치신 것 같다.

그 후로부터 50여 년을 국내외의 유수한 음악대학 교수와 연주자를 사사하며 작곡가의 곡을 연주하는 과정과 또 이 과정을 학생들에게 전달하면서, 음악교육인은 도대체 무엇을, 어떻게 마음으로 듣는 사람인지에 대해 탐험했다. 그것은 실로 치열했고 아름다웠다.

이제는 이런 경험과 생각들을 통합해 음악언어로 작곡자의 음악 세계를, 박자와 호흡으로 시간과 리듬의 세계를, 다양한 레퍼토리에서 테크닉의 유형과 단계를, 무엇보다도 먼저 마음의 소리를 듣는 훈련을

김 교수님의
학문 이야기

해야 함을 알게 되었다. 그 과정은 곧 내 자신의 영혼과 육체를 발견하

는 과정으로 이어졌다.

# 음악의 향기로 넘치는 세상

앞으로 피아니스트 교수로서 음악과 인간, 더 나아가 모든 음악적 행위의 주체가 되는 인간에 대한 끊임없는 관심을 가지고, 인간적 성숙과 음악적 성숙의 상관관계에 대한 호기심 어린 연구를 더 많이 하고 싶다. 또한 내 삶의 원칙과 가치에 근거를 둔 음악인으로서 나의 음악과 인격이 동시에 성장해 그것을 이웃과 나눌 수 있었으면 좋겠다.

고대 그리스의 신화에서 마이다스 왕이 만지는 것마다 금이 되기를 빌었던 것처럼, 우리가 만나고 가르치고 연주하는 곳곳마다 음악의 향기가 넘쳐 그 음악으로 인해 사람들이 마음의 위안을 얻고 서로 사랑하며 삶의 희망을 갖게 되기를 소망해 본다. 또한 음악에 재능 있고 음악을 좋아하는 청소년들이 좋은 교육을 받고 많은 노력을 기울여 그들의 재능을 마음껏 펼칠 수 있는 사회를 만들기 위해 나는 더욱 정진할 것이다. 내 인생 여정에 좋은 친구, 음악을 사랑한다.

김 교수님의
학문 이야기

# 미래 음악학도를 위한 당부

음악의 길을 걸으면서 많은 시행착오를 겪었다. 나와 같은 길을 걸으려고 하는 미래 음악학도들을 위해 몇 가지 당부의 말을 전한다. 세 살 반의 나이에 부모님과 선생님의 일방적인 결정으로 시작된 공부는 내 자신의 음악적 재능에 대한 그들의 합의에 의한 것이었다. 나이가 들어감에 따라 내 스스로 선택하지 않았다는 생각에 때로는 무책임하고 수동적인 자세와 태도로 반항한 세월이 있었다.

재능이 주어진 것이라면 재능에 대한 소신을 가지고 주어진 재능을 성실하게 교육시키고 관리하여 본인의 잠재력을 최선으로 끄집어내는 인격적 성장이 함께 가야 한다. 조기 교육을 꼭 필요로 하는 피아노, 바이올린 등 연주 전공을 할 경우 음악적 성장과 인간적 성장의 괴리를 극복하며 선택에 대한 분명한 책임의식을 가져야 한다.

나의 후배들은 재능과 성취에 대한 비교의식과 비교평가로부터 자유로웠으면 좋겠다.

부모님과 선생님들 그리고 주위의 인정, 칭찬, 격려는 참으로 중요하지만 음악적 연주행위가 콩쿠르와 입시를 통해 남과 비교되며 경쟁하는 가운데 상대적 우월감 또는 열등감을 부추기는 경우가 허다하다. 하지만 성실한 그리고 진정한 음악가가 된다는 것과 유명인이 된다는 것은 반드시 일치하지만은 않을 것이다.

그러므로 늘 내가 연주하는 목적과 장단기의 목표, 냉정한 자기평가를 통한 자기 자신의 관리가 '자기발전'이라는 절대평가에 준할 필요가 있다.

또한 강한 자기주도성을 가지고 늘 연습하고, 몸의 컨디션을 조절하여 일상생활의 리듬을 유지해야 한다. 많은 시간을 혼자 연습실에서 보냈던 나는 또래의 친구들이 사회적으로 성장할 시기에 음악적으로는 발전하였지만 사회적으로 그렇지 못한 부조화를 경험했다. 음악의 성장과 함께 건강한 대인관계와 건전한 일상생활의 리듬을 구축하는 전인적 관점이 필요하다.

호로비츠의 영혼을 꿰뚫는 듯한 피아노 소리에 반해 그 소리를 만들어 보고자 수많은 시간을 노력한 적도 있었다. 호로비츠처럼 다른 인간과 영혼으로 소통하는 소리를 찾기 위해 몸부림을 했다. 지금 와서 깨닫게 된 전인적 관점을 그 당시에도 알았더라면 좀 더 효과적인 방

법으로 그 소리를 찾았을 텐데 하는 아쉬움이 있다. 나의 후배들은 이런 전철을 밟지 않기를 바란다. 마지막으로 서양음악, 언어, 사상에 대한 이질감을 극복했으면 좋겠다.

나는 서양의 철학, 문화, 사상에 대한 무지함과 이질감을 재능과 감성과 연습만으로 해결하려고 시도해 그 벽을 넘으려 할 때마다 큰 좌절감으로 암담함을 느꼈다. 서양사상의 큰 두 줄기인 신본주의적 헤브라이즘과 인본주의적 헬레니즘의 관점과 서양음악, 언어, 사상, 사유의 세계, 신학, 인문학, 수학, 물리를 통섭하는 정신과 물질의 세계에 대한 폭넓은 지식과 이해를 가질 때에만 여러 작곡가의 정신세계에 공감하고 그들의 음악을 재창조할 수 있을 것이다.

게시판

# 음악학 관련 학과가 있는 대학들

| 지역 | 구분 | 대학 |
|---|---|---|
| 서울 | 4년제 | 건국대, 경기대(전자디지탈음악전공), 경희대, 국민대, 그리스도대, 단국대, 동덕여대, 상명대, 삼육대(음악학과), 서경대, 서울대, 서울기독대(음악학과), 서울시립대(음악학과), 성신여대, 세종대(음악과), 숙명여대, 연세대, 이화여대, 장로회신학대(교회음학학과), 총신대(교회음악과), 추계예술대, 한양대, 한영신학대(교회음악과) |
| | 2년제 | 명지전문대(음악과, 실용음악과), 한양여대(실용음악과) |
| 부산 | 4년제 | 경성대, 고신대(교회음악과, 기악과), 동서대(뮤지컬과), 동아대, 동의대(음악학과), 부산대, 신라대(음악학과) |
| | 2년제 | 부산예술대(실용음악과), 동주대(실용음악과) |
| 대구 | 4년제 | 경북대, 계명문화대, 대구예술대 |
| | 2년제 | 계명문화대(생활음악전공) |
| 인천 | 2년제 | 인천재능대 |
| 광주 | 4년제 | 광신대(음악학과), 광주대, 남부대, 전남대, 조선대(음악교육과), 호남신학대(음악학과) |
| 대전 | 4년제 | 목원대, 배재대(실용음악과), 충남대(음악과), 침례신학대(교회음악과) |
| | 2년제 | 대전과학기술대, 우송정보대(실용음악과) |
| 울산 | 4년제 | 울산대 |
| 제주도 | 4년제 | 제주대(음악학과) |
| | 2년제 | 제주한라대(음악과) |

음악학은 전공에 따라 성악과, 작곡과, 기악과, 지휘과, 국악과, 실용음악과 등으로 구성되어 있습니다.
(자료출처 : 2015년 교육부 단위별 입학정원)

| 경기도 | 4년제 | 강남대, 가천대, 경희대(포스트모던음악학과), 명지대, 서울장신대(교회음악과), 성결대, 수원대, 안양대, 용인대(뮤지컬·실용음악과), 중앙대, 칼빈대(교회음악과), 평택대(실용음악학과, 음악학과), 한세대, 협성대 |
| | 2년제 | 경복대, 김포대(실용음악과), 동아방송예술대, 서울예술대(실용음악과), 수원과학대(음악계열), 수원여대(음악과, 실용음악과), 여주대, 한국복지대(모던음악과) |
| 강원도 | 4년제 | 강릉원주대(음악과), 강원대(음악학과), 가톨릭관동대 |
| 충청도 | 4년제 | 공주대(음악교육과), 나사렛대, 단국대(생활음악과), 백석대, 서원대, 중부대, 청운대, 청주대, 한국교통대, 한국교원대(음악교육과), 한서대, 호서대 |
| | 2년제 | 한국영상대(실용음악과), 백석문화대(실용음악과), 충북보건과학대(실용음악공연과), 충청대 |
| 전라도 | 4년제 | 군산대, 세한대, 동신대(실용음악학과), 목포대(음악과), 서남대, 예원예술대(실용음악학과, 뮤지컬학과), 원광대(음악과), 전북대, 전주대(음악학과), 초당대(실용음악학과), 호원대(실용음악학부) |
| | 2년제 | 전남도립대(한국공연음악학과), 백제예술대(실용음악과, 미디어음악과), 서해대(음악과), 전남과학대(음악과) |
| 경상도 | 4년제 | 경남대(음악교육과), 경상대(음악교육과), 경주대(실용음악학과), 김천대(음악과), 대구가톨릭대, 대구예술대, 대신대, 동국대(한국음악과), 안동대(음악과), 영남대, 인제대(음악학과), 한국국제대(음악학과), 창원대(음악과) |
| | 2년제 | 경북과학대(음악과) |

# 나의 미래 계획 다이어리

### 나를 알아보는 단계

미래 계획을 세우기 전에 나를 알아보는 것은 중요하다. 재능 있는 사람도 즐기는 사람을 당할 수 없다고 한다. 내가 가장 좋아하고 잘할 수 있는 일은 무엇일까? 자, 자신이 좋아하는 일들로 지면을 가득 채워보자!

### 보너스 문제

**이것만은 절대 못 하겠다!**

다른 건 어떻게 해보겠는데, 정말 하기 싫은 것이 있을 것이다.
눈치 보지 말고, 마음껏 적어보자!

## 본격적인 계획 단계– 목표 설정

나에 대해 알아보았으니 이제 본격적으로 자신만의 맞춤 계획을 세워보자. 먼저 자신이 무엇을 하고 싶은지 적어보자. 목표가 확실하지 않으면 계획을 진행하기 어렵기 때문에 신중히 생각해야 한다.

### 실행 단계

목표를 정했으니 이제 거침없이 계획을 진행해 보자. 자신이 세운 목표를 이루기 위해서는 어떤 일들을 해야 하는지 적어보자.

나의 목표 – 방학 동안 체중 5kg 감량

계획

저녁은 오후 7시 이전에 먹는다. → 저녁은 안 먹지만 야식은 먹는다.

일주일에 3번 이상 줄넘기를 한다. → 일주일에 3번 이상 줄만 간신히 넘는다.

군것질을 줄인다. → 군것질은 줄었지만 외식이 늘었다.

단, 계획이 잘 실행되고 있는지 수시로 체크하는 것이 중요하다!

이렇게 계획을 세우는 것만으로도 마음이 든든하다. 이 든든한 마음을 가지고
10년 후 자신의 모습을 생각해 보자!

**김영숙 교수님은...**

현재 가천대학교 피아노과에서 학생들을 가르치고 있다. 전공은 피아노 연주와 피아노 교수법으로, 연주를 가르치는 동시에 피아노 교사가 되기를 원하는 학생들에게 교수 방법을 지도하고 있다. 저서로는 〈피아노 교수법과 예술적 청음〉, 〈통합 피아노 교수법과 좋은 리듬감〉 등이 있으며, 연주 활동을 병행하고 있다.

**오지향 교수님은...**

현재 가천대 교육대학원 겸임교수로 재직하며 성신여대, 전주교대 등에서 음악교육을 가르치고 있다. 특히 음악을 관련 예술과 통합하여 학습하는 통합적 음악교육에 관심을 가지고 있다. 또한 가천대 평생교육원 가천콘서바토리에서 창의적음악교실(CMC)을 맡아 운영하고, 미래음악교육연구소의 수석연구원으로도 활동하고 있다.

**김 진 교수님은...**

현재 가천대 평생교육원 가천콘서바토리 강사와 미래음악교육연구소의 수석연구원으로 일하며 음악교육과 피아노교육의 바람직한 모델을 연구하고 있다. 특히 성인의 피아노 교수-학습과정에 관심을 가지고 피아노 교사의 재교육에 힘을 쏟고 있으며, 월간 〈에듀 클래식〉에 새로운 피아노교수법에 대해 연재하고 있다.


나의 미래 공부 10

MAP OF TEENS

MT 음악학

초　　판 1쇄 펴낸날 2008년 6월 30일
개정 2판 1쇄 펴낸날 2026년 4월 30일

**저자** 김영숙, 오지향, 김진
**발행인** 서경석

**책임편집** 정재은 **마케팅** 서기원 **제작·관리** 서지혜, 이문영
**디자인** All Design Group **일러스트** 문수민

**펴낸곳** 청어람 엠앤비　|　**출판등록** 2009년 4월 8일(제 313-2009-68호)
**주소** 서울특별시 구로구 디지털로 272 한신IT타워 404호 (08389)
**전화** 02)6956-0531 **팩스** 02)6956-0532
**전자우편** juniorbook0@gmail.com

**정가** 15,000원
ISBN 979-11-94180-15-9 44670
　　　979-11-86419-42-7(세트)